Supersticiones

La guía definitiva de supersticiones, señales, presagios, símbolos, adivinación, mitos, folclore e historia

© Copyright 2024

Todos los derechos reservados. Ninguna parte de este libro puede ser reproducida de ninguna forma sin el permiso escrito del autor. Los revisores pueden citar breves pasajes en las reseñas.

Descargo de responsabilidad: Ninguna parte de esta publicación puede ser reproducida o transmitida de ninguna forma o por ningún medio, mecánico o electrónico, incluyendo fotocopias o grabaciones, o por ningún sistema de almacenamiento y recuperación de información, o transmitida por correo electrónico sin permiso escrito del editor.

Si bien se ha hecho todo lo posible por verificar la información proporcionada en esta publicación, ni el autor ni el editor asumen responsabilidad alguna por los errores, omisiones o interpretaciones contrarias al tema aquí tratado.

Este libro es solo para fines de entretenimiento. Las opiniones expresadas son únicamente las del autor y no deben tomarse como instrucciones u órdenes de expertos. El lector es responsable de sus propias acciones.

La adhesión a todas las leyes y regulaciones aplicables, incluyendo las leyes internacionales, federales, estatales y locales que rigen la concesión de licencias profesionales, las prácticas comerciales, la publicidad y todos los demás aspectos de la realización de negocios en los EE. UU., Canadá, Reino Unido o cualquier otra jurisdicción es responsabilidad exclusiva del comprador o del lector.

Ni el autor ni el editor asumen responsabilidad alguna en nombre del comprador o lector de estos materiales. Cualquier desaire percibido de cualquier individuo u organización es puramente involuntario.

Su regalo gratuito

¡Gracias por descargar este libro! Si desea aprender más acerca de varios temas de espiritualidad, entonces únase a la comunidad de Mari Silva y obtenga el MP3 de meditación guiada para despertar su tercer ojo. Este MP3 de meditación guiada está diseñado para abrir y fortalecer el tercer ojo para que pueda experimentar un estado superior de conciencia.

https://livetolearn.lpages.co/mari-silva-third-eye-meditation-mp3-spanish/

¡O escanee el código QR!

Índice de contenidos

INTRODUCCIÓN 1
CAPÍTULO 1: ¿POR QUÉ CREEMOS EN SUPERSTICIONES? 3
CAPÍTULO 2: SUPERSTICIÓN Y ADIVINACIÓN 13
CAPÍTULO 3: EN BUSCA DE SEÑALES Y PRESAGIOS EN EL CIELO 24
CAPÍTULO 4: EL SIMBOLISMO DE LOS COLORES 34
CAPÍTULO 5: PRESAGIOS SOBRE ANIMALES Y PLANTAS 44
CAPÍTULO 6: NÚMEROS DE LA SUERTE Y DE LA MALA SUERTE 55
CAPÍTULO 7: SUPERSTICIONES SOBRE ALIMENTOS Y OBJETOS 66
CAPÍTULO 8: SUPERSTICIONES SOBRE EL NACIMIENTO Y LA MUERTE 78
CAPÍTULO 9: DESEOS, SUERTE Y REPARACIÓN DE LA MALA SUERTE 89
GLOSARIO DE SUPERSTICIONES, SIGNOS Y PRESAGIOS 99
CONCLUSIÓN 107
VEA MÁS LIBROS ESCRITOS POR MARI SILVA 109
SU REGALO GRATUITO 110
REFERENCIAS 111

Introducción

Este libro le llevará de viaje por el fascinante mundo de las supersticiones, los mitos y los presagios. Desde que existen los seres humanos, hemos buscado un significado al mundo que nos rodea, lo que ha dado lugar a la creación de un rico y variado tapiz de creencias y prácticas. A lo largo de los siglos, hemos mirado al cielo, a la tierra y a los animales y plantas que nos rodean en busca de señales y símbolos que nos ayuden a comprender el mundo. Hemos recurrido a adivinos y pitonisas para intentar ver el futuro, y hemos utilizado objetos, alimentos e incluso números para atraer la suerte y alejar la desgracia. Desde la antigua creencia en los presagios hasta la práctica moderna del feng shui, hemos recurrido a estas creencias para que nos ayuden a sortear los altibajos de la vida.

Pero, ¿por qué creemos en estas cosas? ¿Qué hay en la psique humana que nos hace tan susceptibles a la superstición? Este libro responderá a esta pregunta explorando los factores psicológicos y culturales que contribuyen a que creamos en supersticiones y examinando el papel que el miedo, la incertidumbre y la necesidad de control han desempeñado en nuestras creencias. Comprenderá cómo la educación, el entorno y las experiencias vitales de las personas determinan sus creencias y prácticas.

También profundizaremos en el papel de la naturaleza y el medio ambiente en nuestras supersticiones. Las formas de las nubes, los patrones de vuelo de los pájaros y los colores del cielo tienen sentido y significado en las culturas de todo el mundo. Del mismo modo, el comportamiento de los animales y las propiedades de las plantas se han utilizado para predecir el futuro, ofrecer protección e incluso ayudar en la curación. Además, puede estudiar las distintas formas en que se han utilizado las supersticiones a lo largo de la historia, desde las antiguas civilizaciones de Egipto y Grecia hasta el mundo moderno de los horóscopos y los amuletos de la suerte. Siga leyendo para explorar el fascinante simbolismo de los colores, los animales y los números, y profundizar en las muy diversas supersticiones en torno a los objetos, los alimentos e incluso el nacimiento y la muerte.

En conjunto, este libro ofrece una visión exhaustiva del mundo de las supersticiones, los mitos y los presagios; al final, comprenderá mejor este rico y complejo mundo. Tanto si es un escéptico como un verdadero creyente, en estas páginas encontrará algo intrigante y que le hará reflexionar. Así que, si está listo para explorar este mundo místico y desvelar los secretos de nuestras creencias colectivas, este libro es el lugar perfecto para empezar.

Capítulo 1: ¿Por qué creemos en supersticiones?

Con los avances tecnológicos y los descubrimientos científicos de hoy en día, cuesta creer que muchas personas sigan creyendo firmemente en supersticiones aparentemente irracionales. Sin embargo, tal vez le sorprenda saber que estas creencias se autocumplen y la psicología que hay detrás de ellas. Casi todas las supersticiones que se practican hoy en día en distintas partes del mundo tienen su origen en interesantes tradiciones, historias y mitos. Algunas incluso parecían perfectamente racionales y útiles en el momento de su creación.

Este capítulo se propone desmitificar qué son las supersticiones y que no son solo dichos que su abuelita soltaba en cualquier conversación a modo de advertencia. Profundizaremos en por qué muchas supersticiones parecen ciertas, aunque no estén respaldadas por pruebas científicas. Entenderá por qué mucha gente cree en ellas y cómo las personas que no creen en los presagios ni en los amuletos de la buena suerte también pueden volverse supersticiosas.

Este capítulo también explora algunas de las supersticiones más extendidas internacionalmente, explicando dónde y cómo se originaron, y destacando las diferencias y similitudes de las supersticiones entre culturas. Aprenderá cómo definen los antropólogos las supersticiones, por qué las estudian y cómo las clasifican. Por último, comprenderá la naturaleza interconectada de las supersticiones, los mitos y el folclore y cómo pueden darnos una idea de cómo pensaba, actuaba e interactuaba la gente con el mundo que les rodeaba.

¿Qué son las supersticiones?

¿Alguna vez ha entrado en un ascensor y se ha encontrado con que el edificio tiene una planta 12B, 14A o M en lugar de una 13? ¿El último avión que tomó carecía de una fila 13 o 17?

¿Le han dicho alguna vez que no debería celebrar su cumpleaños antes de tiempo? ¿Cómo reaccionaría la gente si abriera un paraguas dentro de su casa? ¿Le resuenan en los oídos las palabras "romperle la espalda a su madre" cada vez que pisa accidentalmente una grieta?

El número 13 se considera de muy mala suerte en la mayor parte del mundo, mientras que el 17 lleva el título de número de "mala suerte" en Brasil, Italia y algunos otros países. También se suele creer que los deseos y celebraciones de cumpleaños anticipados y el acto de abrir un paraguas en el interior de una casa atraen la mala suerte.

Todas estas son supersticiones que ha oído toda su vida, independientemente de lo supersticiosos que sean usted o su familia. Son creencias comunes que todo el mundo sigue a pesar de desconocer la verdadera razón que hay detrás de ellas.

No hay una única definición que pueda atribuirse a la palabra superstición. Es una forma de pensar y se refiere a cómo la gente percibe ciertos acontecimientos y sucesos. Las personas supersticiosas suelen creer en el destino, la suerte y otras fuerzas sobrenaturales y las asocian a símbolos o sucesos concretos. Las personas supersticiosas suelen sentir la necesidad de reducir los sentimientos de incertidumbre encontrando formas de predecir lo desconocido. Esto significa que las creencias y experiencias personales de un individuo dan forma a sus supersticiones, que luego transmitirán accidental o intencionadamente a sus hijos.

Por ejemplo, si se da cuenta de que parece tener un mejor día en el trabajo cada vez que ve una mariposa de camino a él, el sistema de recompensa de su cerebro se activará cada vez que se cruce con una mariposa. Automáticamente, esperará que su día vaya sobre ruedas y, por tanto, hará inconscientemente todo lo que esté en sus manos para que así sea.

Por otro lado, si cree en la superstición de los gatos negros y se cruza con uno por la mañana, asumirá automáticamente que su día está arruinado. Aunque usted no se autosabotee necesariamente, tampoco hará nada para tener un buen día. Si se encuentra con problemas o conflictos (previsibles en cualquier entorno laboral) no hará nada para solucionarlos porque "no serviría de nada". Si se enfrenta a problemas cuando espera que las cosas salgan bien, esto le animará a tomar medidas correctoras positivas. Las supersticiones se autocumplen porque las creencias de las personas influyen en sus actitudes y comportamientos, que a su vez dan forma a sus acciones.

También puede empezar a creer en una superstición, solo porque alguien se la ha señalado. Digamos que va a trabajar y su vecino le advierte del cuervo que lleva toda la mañana posado en el alféizar de su ventana. Dice que los cuervos dan mala suerte y que hay que tener cuidado. Se lo quita de encima, pero no lo olvida. Hay tráfico de camino al trabajo y llega tarde a una reunión importante. Se dice a sí mismo que esto le puede pasar a cualquiera y lo deja atrás. Luego, discute con su compañero de trabajo y, para colmo, toma la salida equivocada de camino a casa, ¡y ahora tiene que pasar 30 minutos más en la carretera! Normalmente, se diría a sí mismo que todo el mundo tiene días malos. Sin embargo, ahora que sabe que el cuervo que vio por la mañana atrae la mala suerte, es posible que empiece a creer que la superstición es cierta.

¿Por qué la gente cree en supersticiones?

Cada cultura, o incluso cada familia, tiene sus propias supersticiones arraigadas en la mente, el comportamiento y las interacciones cotidianas de su gente. Algunas supersticiones son incluso populares a nivel mundial. Si estas creencias y asociaciones carecen de respaldo científico, ¿por qué tanta gente cree en ellas?

Las creencias y comportamientos supersticiosos suelen infundir un sentido de dirección y control en quienes los practican. La idea de que el futuro, ya sea a corto o largo plazo, es altamente impredecible hace que muchas personas se sientan ansiosas. Para ellos, utilizar factores y sucesos externos para conocer el futuro o influir en determinados resultados les ayuda a sentirse tranquilos. Esto explica por qué la mayoría de las supersticiones se originan durante periodos de guerras, calamidades y crisis económicas, que hacen que surjan sentimientos de incertidumbre entre la gente.

Según el artículo académico de *The Conversation*, los individuos supersticiosos son más propensos a desarrollar actitudes mentales positivas. También son propensos a tomar decisiones irracionales guiadas por nociones como el destino y la buena o mala suerte.

Las personas supersticiosas no solo buscan señales en el mundo exterior, sino que también creen que pueden hacer ciertas cosas para atraer la buena fortuna. Por ejemplo, pueden llevar amuletos, llevar determinadas joyas o ropas, o preferir números o colores concretos en días importantes o al tomar decisiones significativas. También es posible que eviten hacer determinadas cosas o llevar ciertos objetos porque los asocian con la mala suerte.

Supersticiones en el mundo del deporte

Las supersticiones son muy populares en el mundo del deporte, sobre todo cuando hay competiciones. Le sorprenderá saber que alrededor del 80% de los atletas siguen regímenes supersticiosos antes de competir. La mayoría de los atletas descubren que estos comportamientos les ayudan a reducir la ansiedad y el estrés y les dan una mayor sensación de control sobre el resultado y los factores que escapan a su control.

Aunque cada jugador y cada juego tienen sus propias supersticiones particulares, existen puntos en común. Por ejemplo, los jinetes y gimnastas creen que se sentirán y parecerán más preparados si van bien vestidos y arreglados. Los futbolistas y otros deportistas pueden rezar para obtener buenos resultados. Muchos deportistas también practican supersticiones personales, como llevar ropa de la suerte o amuletos. Algunos jugadores también dedican determinadas prendas deportivas a las competiciones.

Si le gusta el baloncesto, es posible que ya conozca los comportamientos supersticiosos de Michael Jordan. Lleva pantalones cortos de la suerte debajo de su uniforme. Björn Borg, tenista de fama mundial, era conocido por llevar las mismas camisetas de marca. Rafael Nadal también sigue un ritual antes del partido que le ayuda a mejorar su rendimiento.

Aunque estos rituales no inclinan directamente la balanza a favor de los deportistas, pueden ayudarles a rendir mejor. Dado que estos rituales y prácticas pueden aliviar la ansiedad y hacer que los deportistas se sientan más fuertes, podrán centrarse más en su rendimiento que en sus pensamientos y sentimientos. Se sabe que el estrés y la ansiedad dificultan el rendimiento de las personas. Si un atleta no adopta sus comportamientos supersticiosos antes de competir, se sentirá ansioso y preocupado, lo que se hará evidente en el marcador.

Supersticiones extendidas internacionalmente

Aunque la idea general y la estructura de ciertas supersticiones son compartidas por muchos países de todo el mundo, el significado que hay detrás de ellas y las consecuencias que se derivan si se practican pueden variar.

A continuación, se presentan algunas supersticiones extendidas internacionalmente, sus orígenes, sus similitudes y diferencias entre culturas:

Tocar o golpear madera

En muchas culturas de todo el mundo, la gente cree que tocar o golpear un trozo de madera puede ayudarles a librarse de la mala suerte o atraer la buena fortuna. La frase tocar o golpear madera se originó en Gran Bretaña en el siglo XIX, pero hay poca información sobre la historia que hay detrás. Sin embargo, la mayoría de las explicaciones se remontan a los celtas, que pensaban que los árboles servían de hogar a deidades y otras criaturas celestiales. Los celtas pensaban que golpear los árboles era una forma de mostrar gratitud a los espíritus a cambio de abundancia o de pedirles guía y protección. Algunos creen que esta práctica también les ayudaba a librarse de la mala suerte, y a evitar que los malos espíritus se enteraran de la abundancia de la gente para que no revirtieran su buena fortuna. El acto de tocar o golpear la madera también puede remontarse al cristianismo, ya que muchos historiadores sugieren que la madera está asociada a la cruz de la crucifixión de Cristo.

Muchos otros sugieren que esta superstición no se remonta tan atrás en la historia. Según Steve Roud, folclorista británico, el acto de tocar madera procede de un juego de pillar del siglo XIX. En el juego de pillar, los niños que tocaban algún trozo de madera durante la partida no podían ser atrapados por los demás jugadores. Con la creciente popularidad del juego entre niños y adultos, la madera pasó a ser conocida como fuente de protección y, por tanto, la frase "tocar madera" se incorporó a la lengua vernácula británica.

Aunque nadie sabe de dónde procede la superstición, sigue siendo una de las creencias compartidas más populares en todo el mundo. Muchas culturas tienen incluso su propia versión de esta práctica. Por ejemplo, además de golpear dos veces la madera, los turcos se tiran de las orejas para ahuyentar los maleficios, y en Italia se dice "toca hierro" en vez de madera cuando se siente la tentación de adoptar conductas arriesgadas.

Brindar con agua

Según el manual de noche de la historia naval, las personas que brindan con un vaso de agua mueren ahogadas. Junto con el agua, los refrescos y los licores pueden traer mala suerte. Esta superstición también se remonta a la mitología griega, ya que los antiguos griegos evitaban brindar con agua por respeto al río Leteo. La leyenda dice que los que mueren navegan hacia el Inframundo a través de este río, por lo que brindar con agua implicaría desear la muerte por ahogamiento a uno mismo o a aquellos por los que se brinda. Los antiguos griegos también pensaban que utilizar un vaso de agua mientras se brindaba era una invitación a las deidades para que arrojaran una serie de mala suerte sobre la persona. El acto de evitar bridar con un vaso de agua es practicado por muchas culturas hasta nuestros días.

Gatos y pájaros negros

Gato negro
https://unsplash.com/photos/0FQneB1VjaM?utm_source=unsplash&utm_medium=referral&utm_content=creditShareLink

Por desgracia, muchas supersticiones generalizadas afectan a la vida de otras criaturas inocentes. Se ha descubierto, por ejemplo, que los gatos negros tienen tasas de adopción más bajas que los de otros colores. También suelen ser tratados de forma diferente, discriminados, ignorados e incluso maltratados debido a la superstición de que son portadores de mala suerte. Estas creencias se acentúan en Halloween, ya que se asocia a los pobres peludos con las brujas. Muchas personas de todo el mundo creen que su día empeorará si se cruzan con un gato negro.

Sin embargo, los gatos negros no son las únicas criaturas relacionadas con los malos augurios. Por ejemplo, los surcoreanos creen firmemente que ver un cuervo negro les traerá mala suerte, y también piensan que son mensajeros de la muerte. En Reino Unido, se cree que los cuervos predicen la muerte inminente. Existe otra superstición según la cual la monarquía británica caerá si el número de cuervos avistados en la Torre de Londres, en un momento dado, es inferior a 6. Los escoceses y los irlandeses creen que la mala fortuna les llegará si ven una sola urraca; sin embargo, creen que estarán bien si se cruzan con dos o más de este tipo de ave.

Cómo clasifican los antropólogos las supersticiones

Los antropólogos estudian las supersticiones y la historia que hay detrás de ellas para comprender las diferencias entre culturas, entender cómo piensa la gente y aprender más sobre las distintas formas en que los individuos intentan dar sentido al mundo que les rodea. A los antropólogos les interesa descubrir cómo y por qué estas creencias y percepciones se transmiten de una generación a otra.

Definen las supersticiones como creencias y prácticas que no se apoyan en razonamientos lógicos o racionales ni en pruebas científicas y que están puramente moldeadas por creencias, experiencias o tradiciones grupales o individualistas. También suelen clasificar las supersticiones en tres categorías: interpretación de signos, supersticiones mágicas y supersticiones de conversión. La forma de clasificar las supersticiones depende de las prácticas, comportamientos, creencias y eminencias relevantes en un contexto cultural. En la mayoría de los casos, las supersticiones se clasifican como aspectos de sistemas espirituales o religiosos más amplios. Sin embargo, algunas personas creen que no son elementos de sistemas de creencias organizados.

La interpretación de signos y supersticiones se refiere a las creencias y prácticas supersticiosas que se basan en el contenido. Estas supersticiones requieren interpretar y analizar acontecimientos, sucesos, símbolos o signos como presagios de mala o buena fortuna. Un ejemplo de este tipo de superstición sería llevar una herradura para atraer la buena suerte.

Las supersticiones mágicas se asocian a prácticas y rituales utilizados para atraer la buena fortuna y alejar la mala suerte. Un ejemplo de este tipo de superstición sería llevar un amuleto para protegerse de las fuerzas del mal o realizar un ritual determinado antes de exámenes o competiciones para que los resultados sean favorables.

Las supersticiones de conversión se refieren a la idea de que un determinado suceso o práctica puede deshacer la mala suerte o convertirla en buena fortuna. Por ejemplo, una persona supersticiosa que pisa una grieta en la acera lo tomaría como un signo de mala suerte inminente. Sin embargo, podría echarse sal por encima del hombro para atraer la buena suerte y anular el presagio anterior.

Los antropólogos tienen cuidado de tener en cuenta los contextos sociales y culturales en los que se producen las supersticiones porque, aunque las prácticas sean las mismas en las distintas culturas, sus significados pueden diferir. También observan el papel que desempeñan en la vida de las personas y el grado de influencia que esas supersticiones ejercen sobre sus actos.

Cómo se interrelacionan las supersticiones, los mitos y el folclore

Los términos supersticiones, mitos y folclore suelen utilizarse indistintamente, por lo que muchos piensan que todos ellos se refieren a cuentos antiguos y caprichosos. En efecto, estos términos presentan personajes y argumentos imaginativos; sin embargo, todos pretenden cumplir un propósito importante: explicar el mundo y responder a las preguntas fundamentales de la vida.

Por aquel entonces, la gente no disponía de los conocimientos y la tecnología necesarios para dar sentido al mundo que les rodeaba. No entendían por qué se producían fenómenos básicos, así que tenían que encontrar otras formas de explicarlos. Por ejemplo, no se daban cuenta de que las sequías estaban causadas por cambios medioambientales y, por tanto, suponían que habían molestado al dios de las lluvias. No conocían los motivos de sus dolencias, por lo que culpar al cuervo negro que habían visto antes les pareció razonable en aquel momento.

Cada uno de estos términos tiene características únicas; sin embargo, todos se parecen en que su significado no se ha desvanecido con el tiempo. También están relacionados en la forma en que transmiten tradiciones culturales, valores, ideologías, prácticas y creencias a través de las generaciones. Cada una de ellas conserva los elementos culturales de forma diferente, lo que permite comprender cómo pensaba y actuaba la gente y refleja la forma en que los individuos solían abordar el mundo que les rodeaba e interactuar con él. Se puede saber mucho de una cultura leyendo sus mitos y folclore y explorando sus supersticiones.

¿En qué se diferencian?

Los mitos son relatos tradicionales que dan respuesta a preguntas básicas sobre la vida, la creación y el mundo. Se solían contar oralmente para explicar sucesos sobrenaturales, ciertos fenómenos y misterios. También se utilizaban para respaldar tradiciones culturales y reforzar normas y valores entre la gente. Los mitos que giraban en torno a deidades y otras criaturas espirituales eran sagrados y aún hoy influyen en varios aspectos de muchas culturas. A menudo explicaban ciertos acontecimientos a la luz de creencias espirituales, como la ocurrencia de desgracias debidas a dioses molestos o a conflictos entre ellos.

Los mitos y sus personajes influyen en muchas supersticiones, como brindar con agua. Las supersticiones no son más que elementos de los mitos y están influidas por ellos; los términos no son intercambiables. Mientras que los primeros son historias tradicionales que comprenden personajes y acontecimientos, las supersticiones son creencias que *pueden o no haber* aparecido en los mitos.

Mientras que los mitos suelen girar en torno a deidades y explicar cómo se originaron las culturas y los pueblos, el folclore gira en torno a las personas y otros seres vivos. Las mitologías exploraban la vida a través de una lente espiritual, y los cuentos populares captaban la esencia y los aspectos comunes de la vida cotidiana. El folclore nos da información sobre cómo vivía la gente. Estos cuentos exploran los retos y conflictos comunes a los que se enfrentaba la gente de la época y lo que hacían para superarlos. Las supersticiones son elementos populares en las historias culturales y los cuentos populares.

Ahora que ha leído este capítulo, entiende por qué muchas personas, por muy cultas e inteligentes que sean, siguen creyendo en supersticiones y permiten que influyan en diversos aspectos de sus vidas. Las prácticas supersticiosas dan a las personas una mayor sensación de control sobre sus vidas y les ayudan a aliviar su ansiedad ante situaciones impredecibles. Las supersticiones suelen ofrecer una sensación de comodidad y seguridad. Muchas culturas también utilizan estas creencias para introducir y desarrollar valores y normas culturales. Las supersticiones son armas de doble filo. Son trucos mentales que pueden animarnos a trabajar duro o a sucumbir al statu quo. El trabajo duro trae buena suerte, así que no se preocupe la próxima vez que le sienten en la fila 13 o pise una grieta en la acera.

Capítulo 2: Superstición y adivinación

La adivinación se refiere al oficio utilizado para interpretar el futuro o identificar las influencias de las acciones pasadas y presentes. También forma parte de un grupo más amplio de prácticas denominadas adivinación. Esta última se utiliza para desvelar conocimientos ocultos a través de la magia y la intuición. Aunque los conceptos de adivinación y predicción suelen utilizarse indistintamente, la adivinación suele revelar información a una escala mucho mayor. No obstante, tanto la predicción como la adivinación suelen estar vinculadas a la superstición. Este capítulo explora la relación entre adivinación y superstición. También ofrece métodos de adivinación populares y sencillos sugeridos para principiantes, como la lectura de hojas de té, la adivinación, la lectura del tarot y la escritura automática.

La relación entre superstición y adivinación

La adivinación consiste en buscar el significado de patrones y símbolos. Muchos de estos patrones proceden de la observación de la naturaleza y de las causas de sus acontecimientos. Incluso en la antigüedad, la gente estaba estrechamente vinculada a la naturaleza y a lo que esta hacía e intentaba encontrarle sentido. Aunque (para el ojo inexperto) pueda parecer imposible dar sentido a patrones aleatorios, la mente inconsciente es muy buena encontrando significados incluso cuando aparentemente no los hay. Un gran ejemplo es la capacidad de las personas para ver caras y otras imágenes en los seres vivos y los objetos no vivos que les rodean. Este fenómeno también es responsable del nacimiento de muchas supersticiones. Al ver algo que no podían interpretar, la gente encontraba interpretaciones alternativas para formas y símbolos y los relacionaba con objetos conocidos de características similares. A lo largo de la historia, las clases trabajadoras y bajas a menudo no podían concebir el razonamiento que había detrás de las desgracias y otros acontecimientos repentinos. Como estos sucesos aparentemente inexplicables les hacían sentir que no tenían control sobre sus vidas, simplemente encontraban una explicación diferente para ellos, recuperando así el ansiado control. Los signos o símbolos que percibían justo antes de los sucesos se vinculaban a las nuevas explicaciones. Si su subconsciente asocia un objeto o un animal con un acontecimiento concreto, interpretan la visión de este último como una señal de ese acontecimiento, que es también cómo funciona la adivinación en general.

Símbolos y adivinación

Sea cual sea el método de adivinación que utilice, ser adivino le permite convertirse en un medio a través del cual recopila información. Puede obtener conocimientos sobre sí mismo o sobre otra persona buscando información sobre su futuro, presente o pasado. Para los principiantes, empiece a practicar adivinando primero para sí mismo antes de emprender la tarea de guiar a otros. Esto le dará la experiencia de crear una conexión entre sus herramientas, es decir, el método elegido y su intuición. Tanto si busca información sobre el amor, las finanzas o la espiritualidad, tendrá que aprender a afinar su lectura.

En este capítulo, se le darán varias técnicas, cada una de las cuales requiere que descifre mensajes buscando formas y símbolos. Cualquier cosa que vea creará un simbolismo en su mente, que le ayudará a formar una conexión entre la explicación en su mente inconsciente y la imagen en su mente consciente. Esta conexión es la clave para descifrar mensajes adivinatorios. En el capítulo siguiente, leerá sobre el simbolismo de diferentes supersticiones. Interpretar estos símbolos es como adivinar el futuro. Una vez más, su mente interpreta un signo que ve y lo relaciona con una creencia oculta en su subconsciente.

Métodos adivinatorios populares

La adivinación es un arte antiguo. En el antiguo Egipto, Babilonia y China ya se utilizaban innumerables registros arqueológicos de diferentes métodos adivinatorios en el año 4000 a.C. Los escritores romanos también han recogido las prácticas adivinatorias de los antiguos druidas. Aunque la mayoría de las prácticas adivinatorias se suprimieron durante siglos, resurgieron en los siglos XIX y XX y volvieron a ganar popularidad. Los métodos adivinatorios han evolucionado mucho, desde entretenidos juegos de salón hasta herramientas para adquirir conciencia de sí mismo e iluminación espiritual. A continuación, se presentan varios métodos de adivinación populares y sencillos que puede probar para saber más sobre su futuro, su fortuna y sus asociaciones supersticiosas.

Adivinación

La adivinación es una técnica que consiste en mirar a una superficie reflectante y utilizarla como herramienta para comprender diferentes situaciones o encontrar objetos perdidos. Tradicionalmente, se miraba a través de una bola de cristal o la luna. Sin embargo, la práctica ha evolucionado y, en la actualidad, se puede utilizar humo, la llama de una vela, una hoguera de leña, una gran masa de agua tranquila (como un estanque o un lago), cuencos de adivinación, pequeños cuencos con agua, posos de café y hojas de té. No solo eso, sino que también puede utilizar diferentes elementos de la naturaleza o de su entorno para discernir mensajes espirituales. Cualquier objeto o ser vivo que vea a su alrededor puede utilizarse como herramienta de videncia. De hecho, la mayoría de las supersticiones se han originado a partir de las ideas de la gente al mirar un objeto o animal en particular mientras realizaba la adivinación inconscientemente. Además de responder a preguntas sencillas, la adivinación también puede ayudarle a encontrar respuestas a cuestiones difíciles y a resolver problemas complejos. Puede encontrar claridad en sus relaciones o conocer las consecuencias de sus acciones actuales. O para relajar la mente y disipar las preocupaciones cotidianas. Solo necesita su herramienta preferida y técnicas de relajación. Una vez que las tenga, puede empezar a adivinar.

Instrucciones:

1. Empiece por encontrar un lugar tranquilo donde no le molesten. Encienda una vela y apague todas las luces artificiales y aparatos que puedan distraerle. Si lo prefiere, queme incienso, ponga música relajante o utilice cualquier otra cosa que le resulte útil para relajarse. Su cuerpo debe estar erguido, los hombros relajados, pero no encorvados. Cierre los ojos y concéntrese en su respiración.

2. Coloque la herramienta de adivinación frente a usted. Calme su mente y su cuerpo hasta alcanzar un ligero estado de trance. Su mente debe centrarse únicamente en su intención. Algunas de las mejores formas de entrar en este estado son la atención plena o las técnicas de respiración, la repetición de mantras y el yoga.

3. Cuando haya encontrado su quietud interior, debería sentir como sus sentidos irradian energía espiritual y centrarse en su herramienta de adivinación.

4. Dirija su mirada suavemente a su herramienta y mantenga la mente abierta a cualquier pensamiento o imagen que le inspire la herramienta de adivinación. Puede que no reciba una respuesta a la pregunta que ha formulado. Si esto ocurre, es que estaba buscando otra cosa en lo más profundo de su subconsciente, solo que no era consciente de ello. Otras veces, la respuesta que obtenga estará indirectamente relacionada con su pregunta: solo tendrá que averiguar cómo.

La clave para dominar la adivinación es confiar en su intuición. Aunque esto pueda parecer bastante sencillo, a menudo requiere mucha práctica, sobre todo si no tiene experiencia en el uso de su intuición y de las herramientas de adivinación. Cuando usted consulta, se está comunicando con su mente subconsciente, pidiéndole información almacenada allí. Esto está fuera del alcance de su consciente y de su sentido común, por lo que no es consciente de ellos. Sin embargo, su subconsciente proyectará los mensajes en la herramienta. Aparecerán como imágenes y pensamientos que reconoce, haciendo que su mente consciente se dé cuenta de ellos. Para ello necesitará tanta concentración como pueda reunir. Si tiene problemas para concentrarse, intente practicarlo a última hora de la tarde. A esa hora, es menos probable que le molesten, y su mente tendrá menos probabilidades de quedarse atascada en ideas inconexas.

Puede practicar durante el día si no tiene tiempo o se siente demasiado cansado para practicar la adivinación por la noche. De hecho, puede realizar la adivinación siempre que esté haciendo algo que requiera que permanezca quieto o que se concentre en una tarea específica. Por ejemplo, cuando se ducha, se concentra en ducharse y está desconectándose de todo lo demás. Sin darse cuenta, está entrando en el estado de trance necesario para la adivinación. Por eso, estos momentos son perfectos para practicar la adivinación. Basta con mirar las superficies que lo rodean para que su intuición descubra algo.

Lectura de las hojas de té

Lectura de las hojas de té con un pájaro volando y un perro
MochaSwirl, dominio público, vía Wikimedia Commons:
https://commons.wikimedia.org/wiki/File:Tea_leaf_reading.jpg

La lectura de hojas de té, o taseomancia, es una forma específica de adivinación. Es un método relativamente nuevo que ha ganado popularidad en el último siglo. Como cualquier otra técnica de adivinación, la lectura de las hojas de té requiere el uso de una superficie para traducir los mensajes del subconsciente. Necesitará una taza de té, un cuenco o plato y té para leer las hojas de té. A la hora de elegir la taza de té, escoja una redonda, con un cuenco poco profundo y un asa grande. Debe ser de color blanco o pálido para crear un mayor contraste entre su superficie y las hojas de té. Así será más fácil ver las formas y los símbolos e interpretar sus mensajes. En cuanto a la infusión, necesitará un té de hojas sueltas, y puede utilizar mezclas de hierbas y mezclas con especias. La textura de las hojas debe ser media, no demasiado fina, pero tampoco demasiado gruesa.

Instrucciones:

1. Coloque una cucharadita de hojas sueltas en la taza y vierta agua hirviendo sobre ellas. Déjelas reposar durante 3-4 minutos. También puede preparar el té en una tetera sin colador incorporado. Las hojas tendrán que ir a la taza junto con el agua. Si opta por este método, remueva el té antes de verterlo, para que las hojas se distribuyan por igual en la infusión.

2. Después de verter la infusión (o de remojar las hojas en la taza), deje que las hojas se asienten un poco más. Cuando el té se haya enfriado a la temperatura que le guste, tome la taza con su mano no dominante (utilice la izquierda si es diestro y la derecha si es zurdo).

3. Beba el té lentamente. Tómese su tiempo para disfrutarlo. Esto es fundamental para relajarse antes de la adivinación. Beba el té en un ambiente tranquilo. Apague cualquier dispositivo que pueda distraerle y tómese unos minutos para despejar su mente.

4. Mientras bebe el té, empiece a concentrarse en su intención. ¿Tiene alguna pregunta concreta que desea que le respondan? Si no es así, intente formular una. Intente formular una pregunta que tenga una perspectiva más amplia. Por ejemplo, en lugar de preguntar "¿Qué debo hacer mañana por la mañana?". Intente hacer preguntas como: "¿Debería buscar trabajo mañana por la mañana?".

5. Si no tiene ninguna pregunta, no se preocupe. Para los principiantes, también es aceptable leer las hojas de té sin preguntas. Obtendrá una lectura general de su futuro, que también es genial para practicar este método de adivinación.

6. Cuando solo quede una pequeña cantidad de líquido en la taza, gírela en sentido contrario a las agujas del reloj. Repita este movimiento dos veces más para esparcir las hojas por los lados de la taza.

7. Coloque una toalla de papel en el plato y, lentamente, dé la vuelta a la taza, colocándola sobre el plato. Deje que escurra el

exceso de líquido, dé tres golpecitos en el fondo de la taza y dele la vuelta.
8. Levante la taza por un lado. El asa debe apuntar hacia el corazón. Observe el contenido de la taza desde varios ángulos. Estudie los símbolos o formas particulares que le llamen la atención. Además de las imágenes formadas por las hojas, fíjese también en las formas creadas por las superficies blancas de la taza.
9. Observe detenidamente cómo se forman las formas. Puede que no se parezcan a nada, pero no descarte ningún pensamiento o imagen que le recuerden. Puede que las imágenes no tengan sentido para su mente consciente, pero su intuición encontrará los significados ocultos. Si la escucha, traducirá estos mensajes a su conciencia.

Aunque no hay reglas para la lectura de las hojas de té, hay algunas cosas que debe recordar. Por ejemplo, la colocación de las formas puede indicar áreas específicas de la vida. Las formas más cercanas a las asas de las tazas suelen asociarse con la familia, el hogar y la propia imagen. Estas áreas pueden indicarle problemas con los que está luchando actualmente. Debe leer las hojas en el sentido de las agujas del reloj, empezando por el borde a la izquierda del asa. En espiral descendente, gire lentamente la taza y siga observando las hojas hasta llegar al fondo.

Las formas cercanas al borde de la taza están relacionadas con el futuro inmediato. Lo que vea en ellas estará relacionado con los próximos días. Las imágenes del centro de la taza se correlacionan con acontecimientos y situaciones que ocurrirán en un par de semanas. Las formas de la parte inferior están asociadas a acontecimientos que se producirán en el próximo mes.

Aunque existen tablas de símbolos para las hojas de té, la forma más eficaz de obtener resultados es escuchar los significados intuitivos de las imágenes. Por ejemplo, si puede ver un libro en las imágenes, podría tratarse de un mensaje relacionado con un nuevo capítulo de su vida. O podría estar asociado a su afición por la lectura, dependiendo de lo que le diga su instinto. Aunque las letras en las hojas de té se relacionan tradicionalmente con personas importantes en su vida, también podrían estar relacionadas con un lugar que desea visitar o visitará en el futuro. También debe prestar atención a cómo se relacionan los símbolos entre sí. Algunos símbolos tienen significados diferentes cuando aparecen junto a otros.

En primer lugar, debe centrarse únicamente en descifrar los mensajes de los símbolos individuales. Cuando lo domine, puede intentar crear una historia a partir de las distintas asociaciones que descubra en las hojas de té. Según la tradición, las hojas de té solo pueden revelar resultados positivos. En consecuencia, solo debe centrarse en los acontecimientos y situaciones positivas y evitar hacer preguntas sobre los negativos.

Lectura del tarot

Lectura de cartas del tarot
https://unsplash.com/photos/D3SzBCAeMhQ?utm_source=unsplash&utm_medium=referral&utm_content=creditShareLink

La lectura del tarot es un conocido método de adivinación que utiliza cartas del tarot con significados predeterminados y las conecta con el subconsciente de cada uno. Cada carta tiene su propia historia, que es parte de una imagen mucho más grande. Para dominar la lectura del tarot para la adivinación, usted tendrá que aprender acerca de los principales significados de las cartas. Las barajas de tarot constan de 78 cartas, divididas en arcanos mayores y arcanos menores. Las 22 cartas de los arcanos mayores cuentan la historia de un viaje (comúnmente conocido como el viaje del loco). Las 56 cartas de los arcanos menores muestran detalles matizados del viaje, la situación o los resultados de una persona. Las cartas del tarot no revelan escenarios exactos del futuro. Sin embargo, ofrecen una guía para interpretar los acontecimientos futuros basándose en sus pensamientos, acciones e influencias externas. Además de aprovechar el significado general de cada carta, la lectura del tarot también se basa en su intuición. Al mirar las cartas que saca, las interpreta basándose en lo que su subconsciente le dice sobre ellas. Esto le anima a practicar la autoconciencia y a aprender más sobre sus pensamientos, deseos y necesidades más profundos.

Instrucciones:

1. Prepare su cuerpo y su mente relajándose. Después de despejar la mente, empiece a centrarse en una pregunta. Evite hacer preguntas que requieran respuestas pasivas. Por ejemplo, en lugar de empezar su pregunta con "¿Debería...?", empiece con "¿Qué necesito aprender sobre...?".

2. Intente hacer una pregunta que muestre un panorama más amplio, de modo que las cartas puedan iluminar el camino que debe recorrer para alcanzar el resultado previsto. Puede preguntar a las cartas por qué le angustian las supersticiones. O puede pedir orientación para comprender sus creencias y preguntar en qué áreas de la vida debe centrarse para superar los obstáculos y las supersticiones.

3. Una vez que haya pensado en sus preguntas (los principiantes deberían empezar a practicar con una sola), coloque la baraja del tarot en sus manos y bájela. Puede utilizar el método de barajar por encima de la cabeza y sostener el mazo con una mano y utilizar la otra para llevar las cartas de un lugar a otro del mazo. También puede cortar la baraja dividiéndola en montones más pequeños, mezclando el orden de los montones y combinándolos en uno solo. Otra forma de barajar es mediante el método de barrido. Esto implica colocar todas las cartas sobre la mesa, reunirlas en un montón y ordenarlas en una baraja ordenada.

4. Saque una carta del mazo. La forma más fácil de hacerlo es dividir el mazo a la izquierda y sacar la carta de la parte superior. También puede abrirlas en abanico y elegir la que más le atraiga. Esto último es especialmente eficaz para conectar con su intuición.

5. Como principiante, empiece a practicar con una sola carta. Una vez que haya aprendido a interpretar los mensajes de la lectura de una carta, puede aventurarse a sacar varias cartas y hacer

tiradas populares.

6. Cuando haya sacado una carta, póngala boca abajo. Respire hondo y dele la vuelta. Observe sus imágenes y palabras, y piense en lo que significan para usted. No piense demasiado. Cualquier pensamiento que le venga a la mente primero proviene de su consciente, y esto es lo que está buscando cuando utiliza su intuición para las lecturas del tarot.

7. Si no puede encontrar ningún significado a la carta que ha sacado, refiérase a su simbolismo predeterminado. Estos pueden ser grandes peldaños para aprender a descifrar lo que las cartas están tratando de decirle.

Las tiradas de una carta son la forma más fácil de iniciarse en las lecturas del tarot. Puede tirar una carta diariamente para fortalecer su conexión intuitiva con las cartas. Puede responder a preguntas sencillas y, si le interesa obtener más detalles, puede tirar tres cartas. Y cuando esté listo para hacer tiradas, puede hacer una tirada de cinco cartas para la intuición y la claridad o una lectura de siete cartas para un análisis más profundo de las diferentes influencias en sus resultados futuros.

Escritura automática

La escritura automática es otra forma popular de adivinación. Al igual que las cartas del tarot, la escritura también puede convertirse en una herramienta para extraer conocimientos de su subconsciente. O puede utilizarla para intercambiar mensajes con el mundo espiritual. Solo necesitará un bolígrafo y papel y canalizar su intención para dejar que los mensajes fluyan a través de usted sin que usted dicte conscientemente este proceso. También puede utilizar métodos de escritura modernos (dispositivos móviles, teclados de ordenador, etc.). Aun así, es más probable que la forma tradicional le ayude a conectar con su subconsciente y que tenga más éxito a la hora de descifrar el futuro a través de la escritura automática.

Instrucciones:

1. Empiece por encontrar un lugar tranquilo y sin distracciones. Tome un trozo de papel y un bolígrafo o un lápiz, y elimine cualquier desorden del espacio que tenga delante. Prepárese meditando o realizando cualquier otra técnica de atención plena. El objetivo es relajarse y empezar a centrarse en su intención.

2. Cuando haya despejado su mente, piense en la pregunta que quiere hacer sobre el futuro. Es importante que formule la pregunta de la manera más sencilla posible. Para empezar, céntrese solo en la pregunta más apremiante. Puede dirigirse la pregunta a sí mismo o a un guía espiritual con el que desee ponerse en contacto.

3. Relájese un poco más respirando profundamente un par de veces. Cuando esté preparado, coloque el bolígrafo en su mano. Deje que toque el papel sin dirigir conscientemente su movimiento. Si siente la necesidad de controlar su escritura, deje el bolígrafo y despeje su mente antes de continuar.

4. Intente no escribir conscientemente, sino dejar que su mano haga lo que le resulte natural. Deje que escriba automáticamente sin mirar el papel. Cierre los ojos si eso le ayuda a evitar mirar lo que su mano está escribiendo. Tómese su tiempo. Puede que necesite unos minutos para que los pensamientos empiecen a fluir desde su subconsciente.

5. Cuando haya terminado la sesión, mire el papel. Al principio, puede que lo que haya escrito no tenga sentido o que parezca que ha garabateado palabras, números o dibujos al azar. Sin embargo, debe intentar interpretarlo. Piense en lo que significa para usted cada palabra o símbolo y lo que podrían significar en relación con su pregunta.

6. Si no ha conseguido descifrar lo suficiente como para responder a su pregunta, no se preocupe. A veces, los principiantes tardan un par de intentos en obtener respuesta a una pregunta. Encontrar técnicas de relajación que se adapten a su personalidad suele ayudar a acelerar el proceso. Y cuando empiece a recibir mensajes, recuerde mantener una actitud abierta ante ellos.

Capítulo 3: En busca de señales y presagios en el cielo

Antiguamente, la gente creía que los elementos del cielo contenían indicaciones y presagios sobre su destino. Desde las estrellas hasta el vuelo de los pájaros y las nubes, en su imaginación siempre ha existido la curiosidad y la emoción asociadas a la adivinación del destino a través de los signos y presagios del cielo. Las culturas antiguas abrazaban la naturaleza y buscaban en ella guía y conocimiento de cosas que iban más allá de la percepción humana. Con el paso del tiempo y el desarrollo de nuestra comprensión del mundo físico, estas antiguas creencias se han convertido en una novedad o curiosidad. Sin embargo, a pesar de los cambios de perspectiva de la sociedad, todas las culturas siguen fascinadas por lo que esconde la extensión azul que se eleva sobre nosotros cada mañana.

¿Qué son los presagios?

Los presagios son signos o señales del mundo natural que algunos consideran indicadores de acontecimientos futuros. Pueden adoptar diversas formas, como sonidos, objetos u otras cosas físicas. Muchas culturas los consideran una forma de entender la voluntad divina de los dioses y otras fuerzas sobrenaturales. En algunas sociedades, los presagios se consideran símbolos de buena suerte; en otras, se asocian más con el miedo y la superstición.

Los presagios se han estudiado y documentado ampliamente a lo largo de la historia de la humanidad. Los antiguos textos chinos describen cómo se utilizaban los presagios para predecir acontecimientos importantes, como batallas, inundaciones y fenómenos meteorológicos. Los antiguos griegos también tenían un sistema para interpretar los acontecimientos naturales y ver mensajes proféticos de los dioses. En culturas de todo el mundo, los pájaros se han asociado a los presagios. En particular, se dice que ver un pájaro blanco trae buena suerte, mientras que ver un pájaro negro suele considerarse una mala noticia.

En la escritura y la literatura, los presagios se han incorporado a las historias para crear tensión o presagiar acontecimientos futuros. Algunos ejemplos son Macbeth, de Shakespeare, o la Odisea, de Homero, donde las intervenciones sobrenaturales actúan como advertencias o presagios de lo que está por venir. Incluso hoy en día, algunos siguen creyendo que ciertos objetos o sucesos pueden tener un significado especial sobre su destino o fortuna personal y los utilizan como guía para sus decisiones en la vida.

En general, un presagio es un acontecimiento o señal que alguien interpreta que tiene un significado espiritual más profundo de lo que puede parecer en la superficie. Según las distintas creencias y tradiciones, puede traer resultados positivos o negativos dependiendo de su forma y contexto. Independientemente de cómo se interprete, nos recuerda que poderes invisibles que escapan a nuestro control determinan nuestras vidas.

Buenos presagios frente a malos presagios

Los presagios, que forman parte de la cultura humana desde hace miles de años, se consideran señales de un poder superior que predice el futuro y puede influir en las decisiones y el comportamiento de las personas. La idea que subyace tras los presagios es que pueden dar una idea de lo que está por venir, y algunas personas se los toman muy en serio. En muchas culturas se distingue entre buenos y malos augurios: los primeros se consideran indicadores favorables y los segundos, desfavorables.

Los buenos augurios suelen referirse a acontecimientos naturales o sobrenaturales considerados positivos o esperanzadores para el futuro. Un arco iris puede considerarse un signo de buena suerte o de protección contra el peligro, mientras que el avistamiento de ciertos animales, como las águilas, se consideraba un acontecimiento auspicioso que traería el éxito o la fortuna. Otros ejemplos son las libélulas, que significan cambio o transformación; las mariquitas, que simbolizan nuevos comienzos; y los tréboles de cuatro hojas, que traen buena suerte. Todos estos símbolos ofrecen esperanza y prometen un resultado deseable en cualquier situación en la que aparezcan.

En cambio, los malos augurios indican resultados indeseables y suelen implicar elementos más oscuros, como la muerte o la desgracia. En algunas culturas, la aparición de ciertos animales, como los murciélagos, se consideraba un presagio de mala suerte o muerte. Lo mismo ocurría con los gatos negros que se cruzaban en el camino. También se creía que otros símbolos, como un espejo roto, traían siete años de mala suerte, mientras que estornudar tres veces se consideraba una advertencia de peligro inminente.

¿Qué pudo influir en estas creencias?

Muchos creen que estas asociaciones proceden de antiguas tradiciones espirituales que buscaban dar sentido a lo desconocido relacionándolo con fenómenos conocidos de la naturaleza. El hecho de que algunos animales fueran más raros que otros probablemente los hacía más misteriosos y, por tanto, se asociaban a un mayor poder o significado en algunos casos. Del mismo modo, colores como los del arco iris tenían un fuerte significado simbólico, ya que no podían explicarse únicamente por medios naturales. La gente también atribuía significado a fenómenos físicos como las tormentas porque parecían muy poderosos y fuera de su control, algo que atribuían a la intervención divina y no a la mera casualidad. Además, las supersticiones transmitidas de generación en generación pueden haber reforzado aún más estas creencias. En cualquier caso, parece que los humanos seguirán encontrando formas de interpretar su entorno y buscar significados más allá de lo tangible en este mundo.

Ejercicio de atención plena

Aprender a comprender los presagios presentes en la vida cotidiana puede ser una herramienta útil para mantener la concentración en el momento presente y notar cualquier señal o bendición en nuestras vidas. Para empezar, reserve un tiempo cada día para centrarse en los pequeños momentos. Pueden ser cinco minutos de afirmaciones positivas, ejercicios de respiración profunda o meditación consciente. Esto le ayudará a despejar la mente y le dejará más abierto a recibir cualquier mensaje transmitido a través de símbolos y señales. A lo largo del día, preste atención a las coincidencias, los destellos de inspiración y las impresiones que llegan flotando a su mente. Estas intuiciones podrían ser pistas sobre cómo avanzar en una situación complicada u ofrecerle una visión de las posibilidades futuras. También debe aprender a escuchar tanto con los oídos como con el corazón. Considere todas las formas de comunicación como posibles presagios. Tanto si se trata de una conversación significativa en el parque como de las palabras de una valla publicitaria mientras conduce, pueden ayudarle a tomar decisiones y situaciones en la vida. Por último, tome nota de cómo estas señales le están ayudando a notar cambios sutiles en su interior para pasar a la acción a través de cualquier oportunidad potencial que se le presente.

Ejercicio de atención plena para captar y comprender los presagios:

1. **Encuentre un lugar tranquilo:** Comience por encontrar un lugar tranquilo donde pueda estar solo y sin molestias. Puede ser su habitación, el balcón o incluso un parque, si tiene acceso a uno. Pase algún tiempo sin distracciones en este espacio y simplemente concéntrese en usted mismo estando presente.

2. **Respire hondo y despacio:** Cuando se encuentre en el entorno adecuado, respire lenta y profundamente por la nariz con los ojos cerrados. Esto le ayudará a despejar todos los pensamientos que puedan surgir del ajetreo de su vida o de la ansiedad por lo que ocurra más tarde, hoy o mañana. Concéntrese solo en su respiración durante al menos cinco minutos, permitiéndose relajarse y ser más consciente del momento presente.

3. **Tome conciencia de su cuerpo:** Después de respirar profundamente, empiece a tomar conciencia de su cuerpo y de las sensaciones que experimenta. Observe cómo siente los pies contra el suelo o si la brisa le roza la piel. Preste atención a cada detalle que pueda percibir en ese momento, sin juicios ni expectativas. Esto le ayudará a volver al presente y le permitirá estar más en sintonía con los posibles presagios que le rodean.

4. **Ábrase a lo que le rodea:** Ahora que está conectado con su propio cuerpo, ábrase a lo que le rodea. Tómese un tiempo para observar todo lo que ocurre en ese entorno, desde las

conversaciones de la gente hasta los pájaros que vuelan cerca. Deje que su mirada se detenga en cada cosa sin intentar analizarla o comprenderla. Simplemente observe desde la distancia y vea qué sensaciones le producen esas cosas que le rodean.

5. **Préstele atención a cualquier signo significativo:** Tras unos minutos de observación, empiece a prestar atención a cualquier señal significativa que pueda aparecer. Puede tratarse de cualquier cosa, desde el piar de un pájaro en un momento inesperado hasta un viento repentino que sopla entre los árboles. Sintonice con estos momentos y tome notas mentales de ellos para recordarlos más tarde si es necesario.

6. **Reflexione sobre las posibles interpretaciones:** Después de tomar nota de todos los posibles presagios, siéntese y reflexione sobre lo que podrían significar. Recuerde que los presagios están abiertos a la interpretación y tienen significados diferentes para cada persona. No sea duro consigo mismo si no obtiene respuestas claras de inmediato. Simplemente tómese un tiempo para reflexionar sobre las posibles interpretaciones de estos signos, y asegúrese de mantener una mente abierta al hacerlo.

7. **Actúe:** Una vez que haya reflexionado sobre todos los presagios y sus significados, es el momento de decidir qué debe hacer con esta información. Dependiendo del tipo de presagio que sea, puede haber una acción o decisión que deba tomar para que su vida avance positivamente. No tenga miedo de arriesgarse y confíe en su instinto a la hora de tomar decisiones, ya que estos presagios a menudo pueden ser una señal de algo grande que está a punto de llegar a su vida.

Siguiendo este ejercicio de atención plena, debería ser capaz de ser más consciente del presente y captar cualquier presagio potencial. Recuerde mantener la mente abierta al interpretarlos, actuar si es necesario y centrarse en el aquí y ahora para no perderse ninguna señal o mensaje importante.

Presagios celestiales

1. Avistamiento de una estrella fugaz

Las culturas de todo el mundo consideran que ver una estrella fugaz es un presagio de buena suerte. Esta superstición se originó probablemente en las celebraciones que solían tener lugar cuando se veía una "estrella fugaz" brillante. El folclore romano y griego vinculaba las estrellas con el destino y la fortuna, por lo que avistar una se consideraba a menudo una señal de que pronto llegaría la buena suerte. En algunas culturas, incluso simboliza la concesión de deseos. En todas las culturas, ver una estrella fugaz sigue considerándose un buen presagio y llama a la esperanza, la fe y la perseverancia en el camino de la vida. No importa su origen o creencias, todos podemos deleitarnos con la belleza de ver una estrella fugaz iluminando el cielo nocturno y recordar mantener vivo nuestro sentido de la maravilla.

2. Halo alrededor de la Luna

Ver un halo alrededor de la Luna ha sido un presagio de mal tiempo durante siglos, y las historias sobre su significado varían de una cultura a otra. Los orígenes de este concepto se remontan a la antigua Grecia, donde se creía que Zeus, el dios principal, lanzaba flechas al cielo para producir lluvia o granizo. Muchas culturas adoptaron esta creencia a partir de ahí, viendo un halo lunar como un signo de la ira de Zeus. Las distintas culturas interpretan su significado de manera diferente; algunas dicen que presagia tormentas, mientras que otras creen que traerá suerte y buena fortuna. Sin embargo, lo que sí está ampliamente aceptado es que cuando aparece un halo alrededor de la Luna, se avecina algún tipo de fenómeno meteorológico. Aunque la ciencia aún no ha demostrado exactamente qué causa la aparición de estos halos alrededor de la Luna, una cosa es cierta: si ve uno, ¡más vale que se prepare para algo salvaje!

3. Observar los cinco planetas visibles

La inexplicable visión de los cinco planetas visibles en el cielo a la vez se considera un presagio en muchas culturas que abarca generaciones y galaxias. Esta rareza, de una belleza etérea, es un indicio de acontecimientos fortuitos. Los orígenes de esta creencia se remontan a antiguos textos y culturas que incorporaron la astrología a sus modos de vida y a mitologías de relatos folclóricos y civilizaciones de antaño, y la gente empezó a reconocer lo poderosas que podían ser las figuras del cielo para nuestras vidas. Creyendo en el poder cósmico que encierra la energía única de cada planeta, los observadores de las estrellas se han sentido atraídos por el magnífico signo que representan los cinco planetas visibles cuando aparecen en un despliegue unificado. Acertadamente apodada la gran conjunción, un momento especial como este da esperanza, signos de bendición y fe en que se avecinan tiempos más brillantes.

4. Ver el Sol y la Luna juntos

Ver el Sol y la Luna juntos en el cielo se considera desde hace mucho tiempo un símbolo de buena fortuna y riqueza en muchas culturas y sociedades. Desde la antigüedad, se creía que este suceso tenía un origen divino, y algunos lo consideraban un presagio enviado por los propios dioses. Algunas culturas lo consideraban una señal de que serían bendecidos con abundantes riquezas, mientras que otras lo veían como una advertencia contra el orgullo o la exageración. En la astrología china, ver un cuerpo celeste como el Sol o la Luna a determinadas horas del día se asociaba con el cambio y la comodidad en la vida relacionados con la salud, el amor, la carrera y otras preocupaciones materiales. En algunas culturas tribales, esta alineación se veía como una oportunidad de renovación y esperanza tras un periodo de infortunio. Para muchas personas de todo el mundo, la visión de los dos combinados puede ser bastante sobrecogedora y espiritual. Es una decisión personal si se trata de algo interpretado a través de textos sagrados o tomado de forma más simbólica.

5. Eclipse lunar

Ver un eclipse lunar tiene diversos significados. Para los hindúes, un acontecimiento así tiene un significado inmenso y se cree que es altamente desfavorable. Se considera un presagio de mala suerte y de pobreza, muerte o destrucción. Este punto de vista se remonta a los antiguos textos hindúes conocidos como los shastras, que atribuían estas ideas a los eclipses lunares. Del mismo modo, en la cultura judía representa el mismo significado espiritual y portentoso, ya que un eclipse simboliza una señal de Dios. La idea de la profecía cósmica a través de los eclipses también se encuentra en algunas tribus de nativos americanos, que tienden a verlo como un medio de pronóstico. En general, los eclipses lunares están impregnados de tradiciones religiosas y supersticiones que muchas culturas de todo el mundo utilizan para explicar este extraño fenómeno.

Augurios de aves

Los mirlos simbolizan el equilibrio entre la naturaleza y el hombre
https://unsplash.com/photos/H6NaGPR1SX0?utm_source=unsplash&utm_medium=referral&utm_content=creditShareLink

1. Pájaros que se hacen caca en la cabeza

Aunque un pájaro que se hace caca en la cabeza no parezca la forma más ideal de recibir buena suerte, sí que se considera un signo auspicioso en muchas culturas. Desde el cristianismo hasta el hinduismo, la noción de que una paloma que deja sus excrementos en la cabeza de alguien simboliza el éxito financiero y material ha estado muy extendida durante siglos. También significa fertilidad. Se dice que el origen de este "presagio de buena suerte" comenzó cuando Noé soltó una paloma tras 40 días de lluvia, y el ave regresó con una inesperada y bendita sorpresa. La gente supuso entonces que, si tenían la suerte de ser "bendecidos" por una paloma de esa manera, su fortuna seguramente seguiría el mismo camino. Aunque ciertamente no hace que sea menos asqueroso cuando usted está experimentando realmente este evento único, tal vez pensar en la tradición de buena suerte de muchos años pueda ayudarle.

2. Un mirlo hace un nido en su casa

En muchas culturas, la superstición de que un mirlo haga su nido en casa se considera un signo de buena suerte. Se cree que este acontecimiento simboliza la protección de la casa, la alegría, la fertilidad y la prosperidad de sus habitantes. En la tradición celta, la llegada de un mirlo a la casa se consideraba una señal de los espíritus guías o de las deidades de que la paz y la armonía llegarían al hogar. También se creía que traía suerte en los negocios. Del mismo modo, los nativos americanos veían el nido de un mirlo como un símbolo de equilibrio entre la naturaleza y el ser humano y creían que era una oportunidad para forjar una relación más estrecha con la Madre Naturaleza. En la cultura nórdica, el anidamiento de esta especie de ave se consideraba sagrado y simbolizaba una guía en el camino de la vida si era observado por los humanos. Estos son solo algunos ejemplos que apuntan al gran significado cultural que ha tenido este augurio a lo largo de la historia.

3. Ver cinco cuervos juntos

Las creencias y supersticiones sobre los cuervos existen desde hace siglos, probablemente porque son aves increíblemente inteligentes. Un presagio popular ha sido que, si ve cinco cuervos, enfermará, y si ve seis, *morirá*. Esto puede considerarse un mal augurio, pero también puede interpretarse como una advertencia para que la gente preste atención a su entorno y a los signos de la naturaleza que le rodean. El comportamiento de las aves puede proporcionar advertencias o pistas sobre el peligro tácito que acecha en el aire, ya sea una enfermedad inminente o alguna otra energía tumultuosa procedente de otro lugar de la zona, de modo que la gente toma medidas para protegerse a sí misma y a sus seres queridos. Aunque esta superstición en particular parece morbosa, sirve a un propósito importante en muchas culturas y ¡no significa necesariamente que uno deba vivir la vida temiendo a los cuervos!

4. Ver un búho durante el día

Ver un búho durante el día se considera un signo de mala suerte o mal augurio, con un significado variado y, a veces, contradictorio según la cultura. En el folclore de la antigua Roma, un búho significaba la muerte y gritaba cuando le caía un rayo, mientras que los antiguos griegos lo asociaban con la fertilidad y la sabiduría. Algunas culturas nativas americanas veían en los búhos símbolos asociados a la guerra, mientras que en África se pensaba que los búhos significaban brujería.

Esta criatura nocturna suele verse como símbolo de oscuridad y desgracia en muchas culturas, a pesar de sus connotaciones más positivas en algunas mitologías. El origen de tales creencias ha sido fuente de fascinación para los historiadores. Algunos creen que tales supersticiones están vinculadas a las primeras tendencias humanas hacia el animismo, mientras que otros lo atribuyen al vuelo silencioso y a los hábitos nocturnos de este depredador solitario.

5. Quítese el sombrero si ve una urraca

¿Ha oído alguna vez la frase "quítese el sombrero ante una urraca"? La superstición dice así: supuestamente, si alguien ve una urraca solitaria, debe reconocerla inclinando el sombrero o haciendo una reverencia para evitar que le traiga mala suerte. Esta tradición ha sido popular en muchas culturas, como la india, la irlandesa y la británica. Se cree que su origen proviene del folclore, que cuenta cómo las urracas simbolizan misteriosas profecías y sabiduría. Es difícil saber con certeza de dónde procede esta superstición, pero sirve como un interesante recordatorio de cómo las creencias culturales del pasado se filtran en nuestra vida cotidiana.

Capítulo 4: El simbolismo de los colores

¿Sabía que en algunas culturas se cree que vestir de un color determinado un día concreto de la semana trae buena suerte? Por ejemplo, en Tailandia se cree que vestir de amarillo un lunes trae buena suerte, mientras que en México el rojo se considera afortunado un jueves. Por su parte, el verde se considera de mala suerte en algunas partes de la India porque se asocia con la infidelidad. En China, se cree que el rojo trae buena suerte y se utiliza a menudo en celebraciones como bodas y el Año Nuevo lunar. Las supersticiones en torno a los colores están por todas partes, desde las más comunes hasta las más extrañas.

Los colores pueden simbolizar cosas distintas en culturas diferentes
https://pixabay.com/images/id-2468874/

Pero las supersticiones sobre los colores no se limitan a la ropa o los objetos personales. En algunas culturas, incluso los colores de la comida tienen un significado importante. Por ejemplo, en Japón se cree que comer alubias negras el día del festival Setsubun aleja a los malos espíritus, mientras que en muchos países occidentales se cree que comer guisantes de ojo negro el día de Año Nuevo trae buena suerte y prosperidad para el año venidero. Crea o no en el poder de las supersticiones cromáticas, es difícil negar su influencia en nuestra cultura y tradiciones.

En este capítulo exploraremos el fascinante y a menudo sorprendente mundo de las supersticiones cromáticas, desde las más comunes hasta las más oscuras, y descubriremos cómo los colores han moldeado nuestras creencias y prácticas durante siglos. Así pues, hagamos un viaje a través del arco iris y descubramos el intrigante y a menudo divertido mundo de las supersticiones cromáticas.

Rojo

En muchas culturas orientales, el rojo se asocia con la suerte, la felicidad y la prosperidad. Por ejemplo, en China, el rojo se utiliza a menudo durante celebraciones importantes, como el Año Nuevo lunar y las bodas, para simbolizar la buena fortuna y la felicidad. Del mismo modo, en la India, el rojo se utiliza a menudo en la ropa tradicional y se asocia con el amor, la pasión y la pureza. En las culturas occidentales, sin embargo, el rojo suele tener connotaciones más negativas. Puede asociarse con el peligro, la pasión y la ira, y a veces simboliza la advertencia o la prohibición. Por ejemplo, el rojo se utiliza a menudo en las señales de stop y de tráfico para indicar peligro o la necesidad de detenerse.

El rojo también se asocia al amor y al Día de San Valentín, y muchas personas envían rosas rojas o regalan objetos rojos en forma de corazón a sus parejas. Curiosamente, el rojo también se ha asociado a movimientos políticos y revolucionarios a lo largo de la historia. En el siglo XX, el color rojo fue adoptado por movimientos socialistas y comunistas, como la Unión Soviética y el Partido Comunista de China, para representar la lucha de la clase obrera y los ideales del comunismo.

Supersticiones:
- En la cultura china, se cree que el rojo trae buena suerte y aleja a los malos espíritus, especialmente durante el Año Nuevo

lunar. Es habitual que la gente vista ropa roja, cuelgue adornos rojos y regale sobres rojos llenos de dinero durante la festividad. También se cree que el rojo trae éxito y felicidad en otros ámbitos de la vida, como los negocios o las relaciones.

- En algunas culturas africanas, al rojo se le atribuyen propiedades curativas y se asocia con la sangre y la vitalidad. Por ejemplo, llevar ropa roja puede ayudar a mejorar la circulación sanguínea y promover la buena salud. También se cree que el rojo protege contra los malos espíritus y la energía negativa.

- En muchas culturas occidentales, ver un pájaro rojo, como un cardenal, se considera de buena suerte o incluso una señal de un ser querido que ha fallecido. Algunas personas creen que sus deseos se harán realidad si piden un deseo cuando ven un pájaro rojo. Esta creencia puede tener su origen en la idea de que el rojo es un color poderoso y auspicioso.

- En algunas partes de Europa, el rojo se asocia con la brujería y el diablo. Se creía que las brujas vestían de rojo para indicar su lealtad al diablo, y en sus hechizos se utilizaban velas rojas. Algunas culturas también creen que el rojo es un color de advertencia y peligro.

- Por otro lado, en algunas culturas, ver un objeto o animal rojo se considera una advertencia de peligro o desastre inminente. Por ejemplo, en Rusia, ver un cielo rojo por la noche se considera una señal de mal tiempo, mientras que, en algunas partes de África, una luna roja se considera un mal presagio.

- El rojo también suele asociarse con el amor y la pasión, y llevar ropa roja o utilizarlo en la decoración del hogar puede mejorar las relaciones románticas y atraer el amor. Algunas personas creen que regalar rosas rojas u otras flores rojas a un ser querido es un poderoso símbolo de amor y afecto.

- En la India, la gente cree que llevar un bindi rojo (un punto decorativo) en la frente puede proteger a la mujer y traer buena suerte. Lo suelen llevar las mujeres casadas y se cree que representa el tercer ojo y el poder de la intuición.

Verde

El verde se ha asociado con el crecimiento, la renovación y el mundo natural en muchas culturas a lo largo de la historia. Esta asociación es probable porque el verde es el color de las plantas y las hojas, que son esenciales para la vida en la Tierra. En muchas culturas, el verde se considera un símbolo de nuevos comienzos, regeneración y esperanza. Por ejemplo, en la antigua cultura egipcia, el dios Osiris era representado a menudo con la piel verde para simbolizar su conexión con el renacimiento y el ciclo de la vida. En la cultura islámica, el verde se asocia con el paraíso y se utiliza a menudo en arquitectura y diseño para representar la nueva vida y el crecimiento.

El verde también está estrechamente asociado al concepto de fertilidad en términos de agricultura y reproducción humana. En algunas culturas, el verde se considera un color de la suerte para las bodas y se cree que trae buena fortuna a las parejas que intentan concebir. Además, el verde se asocia a menudo con el equilibrio y la armonía, quizá porque se encuentra en el centro del espectro de colores visibles. En la medicina tradicional china, por ejemplo, el verde se asocia con el hígado y se cree que favorece el equilibrio y la buena salud.

Supersticiones:
- En algunas partes de Europa, vestir de verde en el escenario trae mala suerte a los artistas. Esta creencia puede provenir de la idea de que el verde se asocia con las hadas y otras criaturas sobrenaturales, que se creía que interferían en la actividad humana.
- En el folclore irlandés, el verde se asocia con la buena suerte y se cree que trae riqueza y prosperidad. El trébol verde es el símbolo nacional de Irlanda y se asocia al Día de San Patricio, que se celebra el 17 de marzo.
- En algunas culturas asiáticas, el verde también se asocia con la fertilidad y se cree que trae buena suerte a las parejas que intentan concebir. Por ejemplo, en la medicina tradicional china, el verde se asocia con el hígado, que se considera el órgano que gobierna la reproducción. El jade verde se utiliza a menudo en joyería y otros objetos decorativos para promover la fertilidad y la buena suerte.

- En algunas culturas africanas, el verde se asocia con la naturaleza y se le atribuyen propiedades protectoras. A menudo se utiliza en rituales y ceremonias para ahuyentar a los malos espíritus y promover la salud y el bienestar.

Azul

El azul es un color que suele asociarse con la tranquilidad, la sabiduría, la lealtad, la espiritualidad y la masculinidad. En todas las culturas, el azul se utiliza con frecuencia para evocar una sensación de calma y tranquilidad, como el cielo o el océano. También se asocia con el conocimiento, la inteligencia y la sabiduría, así como con la confianza y la lealtad en los negocios y la política. El azul también se utiliza en muchas religiones para representar cualidades espirituales, como la paz interior y la devoción. Además, en algunas culturas, el azul se asocia con la masculinidad y la fuerza, simbolizando cualidades como el poder y la resistencia. En general, el color azul tiene diversos significados simbólicos que han persistido a través de culturas y épocas.

Supersticiones:

- En muchas culturas, se cree que los zafiros azules traen buena suerte y protegen contra el mal. En la Europa medieval, se creía que los zafiros azules protegían contra el envenenamiento y los malos espíritus, mientras que en la cultura hindú se asocian con el planeta Saturno y se cree que aportan sabiduría, claridad y buena fortuna.
- **Ojos azules:** En algunas culturas, los ojos azules se consideran de la suerte o protectores. Por ejemplo, en Turquía y partes de Oriente Próximo, se cree que llevar un amuleto o "nazar" de un ojo azul puede proteger contra el "mal de ojo", una maldición que se dice que trae mala suerte o hace daño.
- **Llamas azules:** En algunas culturas, las llamas azules se consideran un mal presagio asociado a la muerte y la destrucción. En Japón, se dice que las llamas azules son los fantasmas de los muertos y suelen verse en lugares encantados. Del mismo modo, en la mitología hindú, se cree que las llamas azules son la manifestación de la diosa Kali, que representa la destrucción y la muerte.
- **Mariposas azules:** En algunas culturas nativas americanas, las mariposas azules se consideran un signo de buena suerte o un

mensajero del mundo de los espíritus. En la cultura cherokee, se cree que las mariposas azules traen mensajes de esperanza y guía de los antepasados o los espíritus. Del mismo modo, en la cultura china, las mariposas azules simbolizan el amor y la alegría, y a menudo se asocian con la famosa historia de amor de los amantes mariposa.

Blanco

En muchas culturas, el blanco simboliza la pureza, la inocencia y la espiritualidad. En muchas culturas occidentales, el blanco se asocia a las bodas y representa la pureza y los nuevos comienzos. En cambio, en muchas culturas orientales, el blanco se relaciona a menudo con la muerte y el luto, ya que representa el final de la vida y la transición al más allá. El blanco también se relaciona con la limpieza y la esterilidad, y se utiliza a menudo en entornos médicos y científicos. En algunas culturas, se cree que el blanco tiene propiedades curativas y se asocia con la purificación espiritual y la iluminación. Por ejemplo, en el hinduismo, el color blanco se asocia con el dios Visnú y se utiliza en ceremonias y rituales religiosos. Del mismo modo, en el budismo, el blanco simboliza la pureza de las enseñanzas de Buda y se asocia con la paz interior y la iluminación espiritual. En general, el color blanco tiene una amplia gama de significados simbólicos en diferentes culturas.

Supersticiones:

- **Flores blancas:** En muchas culturas orientales, regalar flores blancas, sobre todo crisantemos blancos, se considera un signo de mala suerte y se asocia con la muerte y el luto. Del mismo modo, algunas culturas occidentales suelen asociar los lirios blancos con los funerales y no se regalan.

- **Ropa blanca:** En muchas culturas, se cree que vestir de blanco trae buena suerte y aleja a los malos espíritus. En algunas partes del mundo, la ropa blanca se lleva durante ceremonias religiosas o rituales para representar la pureza y la iluminación espiritual. Sin embargo, en algunas culturas, vestir de blanco después del Día del Trabajo o antes del Día de los Caídos en Estados Unidos se considera mala suerte.

- **Animales blancos:** En muchas culturas, los animales blancos se consideran sagrados o especiales de alguna manera. Por ejemplo, en el hinduismo, las vacas blancas se consideran sagradas y a menudo se les rinde culto. Del mismo modo, en las culturas nativas americanas, los búfalos blancos simbolizan la paz y la armonía, y su nacimiento se considera un signo de buena fortuna.

- **Caballos blancos:** En algunas culturas, los caballos blancos se consideran un signo de buena suerte y se asocian con la pureza y la espiritualidad. En la mitología griega, el dios Apolo suele aparecer montado en un caballo blanco, y en la mitología hindú, el dios Visnú también suele aparecer montado en un caballo blanco.
- **Búhos blancos:** En muchas culturas, los búhos blancos se asocian con la muerte y se cree que presagian mala suerte. En algunas culturas nativas americanas, los búhos blancos se consideran mensajeros de la muerte, y se cree que su ulular señala la proximidad del fallecimiento de un ser querido.

Negro

El negro es un color que se ha asociado con una serie de significados y simbolismos a lo largo de la historia y a través de las culturas. En muchas culturas, el negro se asocia con la muerte y el luto, y suele llevarse en funerales y otras ocasiones solemnes. En algunas partes del mundo, el negro también se relaciona con el mal, la oscuridad y lo desconocido. Sin embargo, en algunas culturas, el negro se relaciona con el poder, la fuerza y la elegancia. En el mundo de la moda, el negro suele considerarse un color clásico y sofisticado y se suele llevar en ambientes formales o profesionales. En algunas culturas, el negro también se asocia con la sabiduría, el conocimiento y la experiencia, como se ve en las tradicionales togas negras que llevan los eruditos y los jueces. En general, el simbolismo del negro es complejo y polifacético, y su significado puede variar mucho según el contexto y la cultura en que se utilice. Aunque a menudo se asocia con un simbolismo negativo u ominoso, también puede asociarse con un simbolismo positivo y poderoso.

Supersticiones:

- **Gatos negros:** En muchas culturas, los gatos negros se asocian con la mala suerte, la brujería e incluso la muerte. Se cree que, si un gato negro se cruza en su camino, le traerá mala suerte. En algunas culturas, sin embargo, los gatos negros se consideran de buena suerte, sobre todo en zonas de Inglaterra y Escocia.

- **Ropa negra:** En algunas culturas, llevar ropa negra se asocia con la muerte y el luto, y se suele llevar en funerales u otras ocasiones sombrías. En otras culturas, la ropa negra se asocia con el poder y la elegancia, y suelen llevarla las personas ricas o influyentes.
- **Magia negra:** El término "magia negra" se utiliza a menudo para describir prácticas oscuras o malignas y suele asociarse con la brujería, la hechicería y otras prácticas sobrenaturales. En algunas culturas, se cree que la magia negra puede provocar enfermedades, desgracias o incluso la muerte.
- **Velas negras:** En algunas culturas, las velas negras se asocian con la energía negativa o dañina y se utilizan a menudo en rituales o hechizos destinados a causar daño a los demás. En otras culturas, las velas negras se asocian con la protección y el destierro de la energía negativa.

Púrpura

El púrpura se asocia a menudo con el lujo, la realeza y el poder. Esta asociación se debe probablemente a la escasez y el coste de los tintes utilizados para producir púrpura en la antigüedad. Por ejemplo, en la antigua Roma, la púrpura se reservaba para la vestimenta del emperador y los funcionarios de más alto rango. Además de su asociación con el poder y el estatus, la púrpura también se asocia a veces con la espiritualidad y el misticismo. Esto se debe en parte a que es un color poco común en la naturaleza y puede verse como de otro mundo o etéreo. En algunas culturas, el morado también se asocia con la creatividad y la expresión artística.

Supersticiones:
- **Llevar ropa morada:** En algunas culturas, se cree que llevar ropa morada puede traer buena suerte o potenciar las habilidades psíquicas. Sin embargo, en otras culturas, la ropa morada se asocia con el luto y se considera inapropiada para ocasiones festivas.
- **Flores moradas:** En algunas tradiciones, las flores moradas se asocian con la espiritualidad y suelen utilizarse en contextos religiosos o ceremoniales. Sin embargo, en otras culturas, se cree que las flores moradas traen mala suerte o representan la muerte y se evitan.

- **Amatista púrpura:** En algunas tradiciones espirituales y de la nueva era, los cristales de amatista púrpura tienen propiedades curativas y pueden ayudar a mejorar la intuición y la conciencia espiritual.
- **El color púrpura en los sueños:** En algunas tradiciones de interpretación de los sueños, el color púrpura se asocia con la sabiduría, la iluminación y el crecimiento espiritual. Ver púrpura en un sueño puede interpretarse como una señal de que el soñador está en el camino correcto y progresando hacia sus objetivos.

Amarillo

El amarillo es un color brillante y dinámico que tiene una amplia gama de significados simbólicos en diferentes culturas. Una de las asociaciones más comunes con el amarillo es la del sol y el calor. Al igual que el sol se asocia a menudo con la vida, la energía y el crecimiento, el amarillo simboliza la felicidad, la alegría y el positivismo. En muchas culturas, el amarillo representa el amanecer de un nuevo día o el comienzo de un nuevo ciclo vital.

Además de su asociación con la luz del sol, el amarillo también se relaciona a menudo con la creatividad y la inteligencia. Muchas culturas creen que el amarillo puede estimular la mente y mejorar la claridad mental y la concentración. Por eso puede que vea el amarillo en entornos educativos o en la publicidad de productos destinados a potenciar la función cognitiva.

Supersticiones:

- **Enfermedad y peligro:** En muchas partes de Asia y África, el amarillo se asocia con la enfermedad, el peligro y la muerte. Algunas culturas creen que llevar ropa amarilla o utilizar objetos amarillos puede atraer la desgracia o la mala suerte.
- **Infidelidad:** En Rusia y otros países de Europa del este, regalar flores amarillas está mal visto porque se cree que representan la infidelidad. Según esta superstición, las flores amarillas se consideran un signo de traición, infidelidad o deslealtad.
- **Buena suerte:** A pesar de sus connotaciones negativas en algunas regiones, el amarillo también se considera un color de la suerte en otras culturas. En China, por ejemplo, el amarillo

se asocia a la buena suerte y se utiliza a menudo en la decoración de Año Nuevo.
- **Riqueza y prosperidad:** En algunas partes del mundo, como México y algunos países africanos, el amarillo se asocia con la riqueza y la prosperidad. Se cree que llevar ropa amarilla o tener objetos amarillos en casa trae buena suerte y éxito económico.
- **Iluminación espiritual:** En algunas tradiciones espirituales, como el budismo, el amarillo se considera un símbolo de sabiduría, iluminación y perspicacia. Se cree que este color representa la luz del sol y el poder del intelecto, por lo que es un símbolo importante tanto para los buscadores espirituales como para los maestros.

Desde la ardiente pasión del rojo a la viva excitación del amarillo, pasando por la relajante calma del azul y la pureza del blanco, los colores han tenido un inmenso significado en culturas y sociedades de todo el mundo durante siglos. Las supersticiones asociadas a los colores se encuentran en todos los rincones del mundo, y estas creencias suelen tener profundas raíces en la historia y la tradición. Aunque algunos tachen las supersticiones sobre los colores de irracionales o infundadas, siguen desempeñando un papel importante en la conformación de las prácticas y creencias culturales. Ya se trate de evitar el color amarillo en Rusia o de utilizar el rojo como señal de advertencia en Europa, los colores tienen el poder de evocar emociones fuertes e influir en nuestros pensamientos y acciones.

Aunque es sensato acercarse a las supersticiones con ojo crítico, explorar el simbolismo y las creencias asociadas a los distintos colores también puede ser una forma fascinante de aprender sobre las diferentes culturas y sus historias. Comprender los significados y las supersticiones que rodean a los distintos colores puede ser una experiencia divertida y esclarecedora.

Capítulo 5: Presagios sobre animales y plantas

Desde el principio de los tiempos, los presagios sobre animales, insectos y plantas han fascinado y ocupado un lugar especial en la imaginación humana. Personas de todos los orígenes y sistemas de creencias se sienten intrigadas por la idea de que sucesos aparentemente mundanos puedan interpretarse como portadores de poderosos mensajes sobre el futuro. En muchas culturas, basta con mirar a un animal que se cruza en su camino para saber si traerá buena o mala suerte. Por ejemplo, en algunos lugares, la gente cree que ver una lagartija cruzarse en su camino es un mal presagio para su próximo viaje, mientras que ver un grillo podría indicar buena fortuna en su camino. Del mismo modo, muchas sociedades ven advertencias desalentadoras en ciertas plantas. Un ejemplo muy citado es descubrir un tejo en flor cerca de casa, lo que presagia la muerte de un familiar. La mezcla de superstición y admiración por los presagios sobre animales y plantas ha formado parte de todas las culturas a lo largo de la historia y sigue cautivando nuestras mentes hoy en día.

Presagios sobre animales

1. Gatos

Los gatos se han relacionado con todo tipo de presagios. Los gatos pueden traer buena o mala suerte, o ambas cosas, según la cultura o las circunstancias. Un ejemplo es la superstición del gato negro en el folclore europeo, según la cual, si un gato negro se cruza en su camino, indica un desastre inminente. Esta creencia tiene su origen en los antiguos egipcios, que tenían felinos en sus hogares como símbolos de protección contra las fuerzas malignas, ¡lo contrario de lo que creemos hoy sobre ellos! Sin embargo, algunas culturas ven a los gatos de forma positiva, como la creencia japonesa de que un gato blanco trae longevidad y buena fortuna. Sea positivo o negativo un determinado presagio, una cosa es segura: ¡los gatos hacen la vida más interesante!

2. Ciervo

A menudo considerados como un símbolo de poder y conocimiento divino o espiritual, los ciervos son símbolos poderosos en muchas culturas de todo el mundo. Por ejemplo, la antigua mitología griega cuenta la historia de la diosa Artemisa y sus relaciones con los ciervos. Artemisa está asociada a la caza, los misterios y los animales salvajes, y se la considera la protectora de las mujeres en el parto y una encarnación terrenal de la voluntad propia. Curiosamente, ver un ciervo se considera una señal del cielo de que uno debe afrontar sus problemas actuales con gracia y dignidad. Esta creencia se extiende por diferentes culturas; sin embargo, tiene sus raíces en la tradición celta, que habla de una conexión entre el mundo de los espíritus, los humanos y la naturaleza, especialmente en lo que respecta a los animales sagrados. Los ciervos, criaturas mansas por naturaleza, pero obviamente lo bastante fuertes como para llevar cuernos para protegerse, se convirtieron en un ejemplo de resistencia a pesar de las dificultades. Sin embargo, algunas señales podrían apuntar hacia la desgracia, como si alguien escucha el rugido o bramido de un ciervo, ya que se cree que esto representa la tragedia. A lo largo de diferentes folclores, se puede ver cómo ante el peligro o el miedo, a menudo recurren a la quietud o a la huida en lugar de a la confrontación directa, dos cosas que todos podríamos aprender a hacer.

3. Perro

Los presagios y supersticiones relacionados con los perros están muy extendidos en numerosas culturas y lo han estado durante siglos. Estos presagios y supersticiones suelen estar relacionados con el papel de estos queridos animales en la sociedad. Por ejemplo, en algunas culturas nativas americanas se colgaban atrapasueños cerca de las zonas donde podía dormir o descansar un perro, ya que se creía que los perros tenían la capacidad de influir en los sueños. Del mismo modo, la astrología china considera a los perros un símbolo de lealtad y protección, y muchas familias adoptan un perro como forma de guardián espiritual. En el folclore japonés, se cree que ver a un perro negro antes de iniciar una tarea importante trae buena suerte y éxito. En la otra cara de la moneda, también hay presagios negativos asociados a los perros, como cuando algunos creían que oír ladrar a un perro en Nochevieja podía ser señal de la muerte de alguien de la casa durante el año siguiente. En Europa, se considera un mal presagio que un perro se cruce entre dos personas, ya que se cree que la pareja se peleará o, si están prometidos, su matrimonio no se celebrará. Algunas culturas de todo el mundo creen que los perros pueden detectar la presencia de fantasmas o fuerzas sobrenaturales. Esto puede remontarse a miles de años atrás, y un ejemplo es la creencia griega en Hécate, la diosa del terror y la oscuridad. Incluso hoy en día, muchas personas siguen adhiriéndose a este tipo de supersticiones.

4. Zorro

En las culturas asiáticas y nativas americanas, los zorros se consideran símbolos de sabiduría y astucia, mientras que los europeos a veces los consideran más astutos y traviesos. Una superstición famosa sobre el zorro es que el avistamiento de un zorro rojo durante el día se considera un presagio de mala suerte. Significa malas noticias o un suceso inesperado que podría acarrear angustia o desgracia. Esta creencia se remonta a siglos atrás; algunas fuentes afirman que tiene su origen en el folclore celta, mientras que otras la vinculan a la mitología china y a supersticiones en torno al legendario espíritu del "zorro de nueve colas". Además, algunas personas creen que avistar un zorro blanco por la noche es un presagio de buena suerte o prosperidad, por lo que estos augurios pueden ser buenos y malos, dependiendo de las circunstancias.

5. Conejo

Los conejos se han asociado con la buena suerte, los presagios y las supersticiones durante siglos. En culturas de todo el mundo, ver un conejo siempre se ha considerado auspicioso. Esto se debe en parte a la increíble tasa de reproducción del animal. Los conejos se reproducen fácil y rápidamente, lo que los convierte en símbolo de fertilidad y abundancia. Cuando se cruza uno en su camino, puede indicar que la felicidad y la fortuna se acercan a usted. En muchas culturas, como la coreana, la vietnamita y los sistemas de creencias de los nativos americanos, también se considera que los conejos tienen poderes curativos o se les compara con abuelas sabias que aportan energía positiva al hogar con su presencia. Ya sea que los vea como mensajeros de alegría o sanadores espirituales, los conejos llevan una cantidad inimaginable de poder.

6. Serpiente

A lo largo de los siglos, las serpientes han sido ampliamente referenciadas en muchas culturas y religiones. En diversos contextos, como el cristianismo o el antiguo Egipto, las serpientes se han visto como un símbolo positivo o negativo de poder, sabiduría y energía. También se cree que la serpiente es un emblema de transformación. En cuanto a las supersticiones, algunas sociedades consideran que ver una serpiente es un presagio de suerte que puede significar buena fortuna o éxito. Por otro lado, otras culturas creen que encontrar una serpiente traerá muerte y destrucción, por lo que es natural sentir aprensión ante una. En última instancia, las serpientes se consideran símbolos poderosos porque nos recuerdan lo poderosos e instintivos que somos los seres humanos y que, al igual que los misterios de la naturaleza, todos poseemos un inmenso poder interior que podemos dirigir hacia algo creativo si lo gestionamos adecuadamente.

Presagios sobre los insectos

1. Hormigas

La creencia de que las hormigas son un signo de buena suerte es una superstición común en todo el mundo. En muchas culturas, tener un nido de hormigas cerca de casa se considera un presagio de buena fortuna y éxito. Existe la creencia de que, si una hormiga le sigue y entra en su casa, significa que pronto ocurrirá algo positivo. También se dice que, si uno se cruza con tres hormigas que viajan juntas en la misma dirección, esto indica que le seguirá la suerte y la riqueza.

La otra cara de esta creencia es que ser mordido por una hormiga puede tener consecuencias negativas. Es señal de que pronto surgirán discusiones o peleas. Esta superstición es muy fuerte en algunas partes de Asia, donde la picadura de una hormiga implica la creencia de que la discordia o los desacuerdos llegarán a la vida de una persona.

Las hormigas son veneradas por su laboriosidad y perseverancia, características muy apreciadas por muchas culturas de todo el mundo, por lo que se han convertido en símbolos de fuerza, ingenio y resistencia. Estas cualidades también significan que cuando una persona ve hormigas moviéndose por su casa, puede simbolizar el progreso en cualquier proyecto u objetivo en el que esté trabajando en ese momento. Además, debido a su gran número, las hormigas se han convertido en símbolos de fertilidad y abundancia a lo largo de la historia. Por lo tanto, su presencia cerca de su humilde morada podría indicar cosas buenas por venir de todos los rincones de su vida, ya sea prosperidad financiera o que se añadan más niños a la familia.

2. Mariposa

Uno de los presagios y supersticiones más conocidos en relación con las mariposas es que a menudo se las considera mensajeras del más allá, más concretamente de seres queridos perdidos. Se cree que cuando una mariposa se posa sobre alguien, puede ser una señal de que los familiares u otros seres queridos de esa persona pronto le harán una visita. En la mitología griega, por ejemplo, la mariposa estaba muy asociada a la diosa Psique, conocida por representar el alma o la esencia de la vida. Según la leyenda, si una mariposa se posaba sobre alguien en la antigua Grecia, simbolizaba que su alma había sido bendecida por los dioses y que su familia se reuniría pronto. Esta creencia también se extendió a Japón, donde, en tiempos de luto, se decía que cuando una mariposa se posaba en el hombro de alguien, era señal de que su antepasado le había visitado para expresarle sus condolencias u ofrecerle consuelo. Los nativos americanos también consideraban a las mariposas mensajeras espirituales del cielo y a menudo celebraban rituales para honrar la conexión de esta criatura con la naturaleza y con los que habían fallecido antes que nosotros. En algunas tribus, como los hopi, se regalaban mariposas a las niñas para que se las pusieran en el pelo en ceremonias especiales, ya que se decía que ayudaban a protegerlas contra la mala suerte o los daños. También creían que, si una mariposa blanca entraba en su vida, debía esperar un mensaje importante muy pronto.

3. Libélula

Las civilizaciones antiguas creían que las libélulas eran proféticas. Algunas culturas creían que ver una libélula era un presagio de buena suerte o una advertencia sobre un peligro inminente. En muchas tribus nativas americanas, la libélula simboliza la transformación y la iluminación por su asociación con la rapidez y la inspiración. Por esta razón, se la considera una fuente de esperanza que ayuda a superar obstáculos. Las libélulas se consideran mensajeras del mundo de los espíritus y a menudo significan cambio o transformación, ya sea física o espiritual. Ver varias libélulas puede significar que hay que mantener la mente abierta y la curiosidad; encontrar una muerta significa tradicionalmente que alguien cercano nos está engañando o se ha extraviado. Un famoso presagio asociado a las libélulas es que están directamente conectadas con los seres hermosos, también conocidos como hadas o sidhe (pronunciado shee). En esta creencia, las libélulas pueden verse como recordatorios de que los espíritus de la naturaleza nos vigilan y se esfuerzan continuamente por formar parte de nuestras vidas. Como mensajeras del más allá, la libélula simboliza la transformación espiritual y física. Por lo tanto, es portadora de un mensaje de crecimiento y transformación personal si se posa sobre usted o su propiedad. Se cree que las libélulas contribuyen al equilibrio entre los seres humanos y la naturaleza al recordarnos nuestras responsabilidades para mantener sano nuestro planeta. Estos mensajes nos animan a reconectar con la naturaleza y disfrutar de su belleza, al tiempo que somos conscientes de las acciones que pueden ser perjudiciales. Los milagros alados de colores brillantes y las libélulas suelen aparecer donde hay agua cerca, simbolizando la abundancia y la esperanza de cosas más grandes por venir.

4. Mariquita

Las mariquitas son insectos muy queridos en todo el mundo, y su presencia se ha asociado con la suerte y la buena fortuna durante siglos. En Asia, se creía que las mariquitas significaban un nacimiento inminente o un matrimonio inminente. Los chinos creían que, si una mariquita se posaba en la mano de una persona, le traería suerte en el amor. En Europa, muchas culturas también consideraban a las mariquitas portadoras de buena suerte. Se decía que, si aparecía una en su propiedad, podía significar una cosecha próspera o éxito en los negocios. En Reino Unido e Irlanda, se decía que ver siete mariquitas juntas traía siete años de felicidad. En algunas culturas, como las tribus indígenas de Norteamérica, los sueños con mariquitas se consideraban mensajes proféticos de sus antepasados. En muchas culturas de todo el mundo, las mariquitas también se consideraban presagios de protección contra el mal y los malos espíritus. Algunas personas incluso creían que tener una mariquita cerca de casa podía evitar la mala suerte por completo.

5. Arañas

Las arañas han sido objeto de superstición y presagios durante siglos. Por ejemplo, algunas culturas consideran que ver una araña es un presagio de que pronto recibirás la visita de un amigo que le traerá buenas noticias o conocimientos compartidos. Este es el simbolismo de la tela de araña, que nos recuerda que todos estamos conectados y compartimos la sabiduría de la naturaleza. Las arañas también se consideraban animales sagrados en la antigüedad, asociadas a la diosa Atenea, la diosa griega de la sabiduría. De hecho, mucha gente cree que las arañas son mensajeras de la buena suerte. Así que, si ve una araña en sus viajes, fíjese en ella y no tenga miedo. Puede estar trayendo noticias positivas para usted, especialmente en lo que se refiere a tener noticias de un viejo compañero muy pronto.

6. Avispas

Las avispas han sido consideradas signos de peligro y celos en muchas culturas a lo largo de la historia. En la antigua Grecia, los griegos veían a las avispas como un presagio de envidia, creyendo que, si alguien se encontraba con una avispa, significaba que alguien estaba celoso de él. Si una persona ve múltiples avispas volando alrededor de su casa, podría significar que está siendo observada por ojos celosos o rodeada de enemigos que desean hacerle daño.

En Japón, la superstición gira en torno a la creencia de que cuando una avispa entra en su casa, significa que viene la mala suerte y debe ser rápidamente eliminada del lugar. La creencia es tan fuerte que algunos japoneses incluso se esfuerzan por no matar a una avispa si la ven, con la esperanza de evitar repercusiones negativas.

En la cultura nativa americana, las avispas se consideran símbolos de sabiduría y protección. Se cree que, si una persona está siendo atacada o amenazada por otra persona o animal, puede invocar el poder del espíritu guía de la avispa para que intervenga y la proteja. Otras culturas creen que ver una avispa también puede ser un presagio de advertencia, que indica un posible peligro en el futuro.

Presagios sobre las plantas

Dedalera

Las plantas dedaleras pueden simbolizar tanto buenos como malos augurios
https://pixabay.com/images/id-2372342/

En algunas culturas, la dedalera se considera un símbolo de buenos y malos augurios. En algunos lugares se cree que trae suerte y buena salud, mientras que en otros puede traer mala suerte o incluso la muerte. En la mitología nórdica, Odín utilizaba la dedalera para ahuyentar a sus enemigos. Llevaba una capa hecha de flores de dedalera mientras montaba su caballo de ocho patas, Sleipnir, por el cielo nocturno. Esto puede explicar por qué algunas personas consideran la dedalera un presagio de protección contra el peligro o el mal.

En Gran Bretaña existen varias supersticiones sobre la dedalera. Una superstición popular es que, si da tres vueltas alrededor de un anillo de dedaleras, se vuelve invisible durante un tiempo. Otra superstición es que llevar un trozo de dedalera inmuniza contra enfermedades o lesiones durante cierto tiempo. También se creía que llevar trozos de esta planta cuando se iba a la batalla protegía de cualquier daño y daba la victoria en el combate.

Los japoneses también tienen sus propias creencias sobre la dedalera. Según su folclore, pisar un ramo de esta planta atrae el amor y la felicidad futura. También se dice que, si se regala, el obsequiado tendrá suerte en el dinero y buena fortuna en general.

Hinojo

El uso del hinojo para alejar el mal y proteger se remonta a siglos atrás. En la antigua Roma y Grecia, se creía que la hierba tenía propiedades mágicas que podían proteger contra las fuerzas malignas. Se utilizaba en ceremonias religiosas y se llevaba alrededor del cuello para alejar el "mal de ojo". Del mismo modo, en la Europa medieval y en algunas partes de Asia se creía que el hinojo podía alejar a brujas, demonios, espíritus y otras fuerzas malévolas.

En la India, el hinojo también se asocia desde hace tiempo con poderes protectores. Es tradicional que los hindúes cuelguen guirnaldas de hinojo en las puertas para ahuyentar a las fuerzas malignas y atraer la buena suerte. También se cree que quemar o utilizar aceite esencial de hinojo puede ayudar a purificar un espacio o a una persona de la energía negativa. La gente suele quemar manojos de hinojo seco mientras recita oraciones o mantras para protegerse.

Las tradiciones de medicina popular de todo el mundo han utilizado durante mucho tiempo esta poderosa hierba con fines medicinales. En Escocia, en el siglo XVI, se daba a los niños un té hecho con semillas secas de hinojo antes de acostarse para alejar las pesadillas y los malos sueños. Del mismo modo, los nativos americanos consideraban sagrada la planta y se colocaban ramitas en la cabeza o en la ropa para protegerse del peligro mientras viajaban por tierras desconocidas.

Perejil

El perejil tiene una larga historia de supersticiones y presagios. Se cree que el perejil era originalmente un regalo del mismísimo diablo. Algunas culturas creen que el diablo exige siete viajes entre su reino y su jardín antes de permitir que crezca el perejil. Se decía que cualquier semilla que no brotara se la quedaba él. Esta creencia estaba tan extendida que en la Europa del siglo XVI la gente utilizaba su propia sangre como abono para el perejil, con el fin de que germinara más rápidamente.

Esta superstición hunde sus raíces en el folclore y la mitología de la Europa antigua. En la cultura grecorromana, el perejil representaba la muerte y los funerales debido a su asociación con la hija de la diosa griega Deméter, Perséfone, que fue raptada y llevada al inframundo por Hades. El perejil también está muy presente en muchos rituales cristianos, donde se utiliza como ofrenda o bendición durante bautizos y otras ceremonias sagradas. El perejil también se asocia a los hechizos de amor. Una ramita de perejil recién cortada y colocada bajo la almohada podría traer buena suerte para encontrar el amor verdadero o ayudar a ver el futuro de una relación.

Serbal

El serbal simboliza la protección en el folclore celta
Eeno11, CC BY-SA 3.0 <https://creativecommons.org/licenses/by-sa/3.0>, vía Wikimedia Commons: https://commons.wikimedia.org/wiki/File:Rowan_tree_20081002b.jpg

El serbal se asocia desde hace mucho tiempo con la superstición y los presagios. En el folclore celta, el serbal es un símbolo de amparo, ya que tiene poderes protectores que ahuyentan los malos espíritus y la mala suerte. El simbolismo de este árbol se remonta siglos atrás, en la antigua cultura europea, donde la gente creía que plantar serbales alrededor de sus casas les protegería de fuerzas malévolas. En la mitología nórdica, se decía que Odín había colgado en el cielo nueve ramas sagradas de serbal, que formaban una barrera protectora mágica contra las fuerzas oscuras. En el folclore gaélico escocés, los serbales se conocen como "fid na ndruad", que significa "el árbol de los druidas". Se decía que los druidas celebraban rituales a la sombra de estos árboles sagrados, y se utilizaban como medio para invocar protección y bendiciones sobre quienes las buscaban. Además, en Escocia e Irlanda, los serbales se plantaban cerca de las puertas para alejar la mala suerte o las intenciones maliciosas.

En culturas de Europa del Este como Polonia, Lituania, Bulgaria y Rumanía, se cree que plantar un serbal fuera de casa trae salud y felicidad al hogar. También se cree que llevar un amuleto hecho con un trozo de madera de serbal puede otorgar valor y fuerza en momentos de necesidad. En Inglaterra, en la época medieval, se creía que, si se cruzaban los dedos al tocar una rama de serbal, se obtenía la invisibilidad durante un breve periodo de tiempo, lo que permitía volverse invisible y estar a salvo de cualquier daño o peligro.

Capítulo 6: Números de la suerte y de la mala suerte

A lo largo de la historia, los seres humanos han asociado diferentes significados a distintos números. El concepto de números de la suerte y de la mala suerte ha fascinado a los humanos y ha dado origen a varias normas y prácticas culturales. Exploremos estos conceptos en detalle y determinemos cómo influyen los números en nuestras creencias.

Números y superstición

Los números están asociados a la superstición desde hace mucho tiempo, y la gente cree que determinados números tienen efectos particulares o poderes especiales. Algunos asocian la visión o el uso de estos números con la buena suerte y la fortuna, mientras que otros los relacionan con malos augurios. Conozcamos en detalle la superstición y los números:

Números de la suerte y de la mala suerte

Cada cultura tiene unos números determinados que se consideran de la suerte o de la mala suerte. Por ejemplo, en la cultura occidental, el número siete se considera de la suerte debido a su uso en la Biblia y a su presencia en asociaciones culturales como las siete maravillas del mundo. El siete también representa los colores del arco iris. Por el contrario, el 13 se considera de mala suerte por su asociación con la última cena. Este truculento acontecimiento bíblico registra a Judas Iscariote como el decimotercer invitado, lo que hace que el número se considere de mala suerte, especialmente desde una perspectiva religiosa.

Asimismo, en las culturas asiáticas, el número ocho se considera de la suerte porque los sonidos que produce son similares a la palabra prosperidad. Por el contrario, el número cuatro se considera de mala suerte porque suena parecido a la muerte. Estas creencias pueden influir a menudo en todo, desde las decisiones empresariales hasta las relaciones personales.

Numerología

La numerología es el estudio de los números que permite explorar las propiedades místicas que hay detrás de los números. Las personas que creen firmemente en la numerología defienden que determinados números pueden revelar información valiosa sobre la personalidad y el destino de una persona. Por ejemplo, el número uno está relacionado con el liderazgo, la capacidad de delegar, la originalidad y la independencia, mientras que el número nueve está vinculado al humanitarismo, el crecimiento espiritual, el desinterés y el cuidado de los demás. Los numerólogos utilizan distintos métodos para calcular el número de la trayectoria vital de una persona. Según sus creencias, este número de trayectoria contiene toda la información relativa a los rasgos y el propósito vital de la persona.

Astrología y numerología

Mientras que la numerología dice que los números pueden revelar mucho sobre el destino y el propósito vital de una persona, los estudios astrológicos defienden que la posición de los planetas es una influencia clave en el destino y los objetivos vitales de una persona. Por ejemplo, la posición de los planetas en astrología determina la personalidad y el destino del niño. Del mismo modo, los números asociados a la fecha de nacimiento de una persona pueden revelar sus objetivos vitales y su personalidad genuina. He aquí un ejemplo de la numerología occidental. Se asocian números específicos a las letras del nombre de una persona y se suman para dar un número de destino. Se cree que este número del destino proporciona información valiosa sobre los rasgos de la personalidad y revela sus puntos fuertes, sus debilidades y su propósito.

Coincidencias numéricas

Las personas que creen firmemente en los efectos de los números ven varias coincidencias numéricas como un signo de buena o mala suerte. Por ejemplo, ver el mismo número a lo largo del día o de un período puede indicar un buen o mal augurio. Por ejemplo, ver el número siete en el reloj o en las matrículas más de lo habitual puede significar que se avecinan cosas buenas. Algunos incluso creen firmemente que el número de letras del nombre de una persona o los valores numéricos vinculados a cada letra influyen sustancialmente en sus rasgos, personalidad y objetivos vitales.

En pocas palabras, el vínculo entre superstición y números es complejo y está profundamente arraigado en muchas culturas. Aunque estas creencias pueden no estar basadas en pruebas científicas, siguen siendo esenciales en la vida y las creencias de muchas personas.

Números de la suerte

Se cree que los números de la suerte traen buena suerte o fortuna a quienes los utilizan. Estos números se basan en tradiciones culturales, acontecimientos históricos asociados al número o experiencias personales. Muchas culturas tienen sus propios números de la suerte. Mientras que algunas culturas pueden considerar afortunados algunos números, otras tradiciones pueden considerar que el mismo número atrae energías negativas o indica un mal presagio. A continuación, se muestran algunos números de la suerte comúnmente utilizados en diferentes culturas, creencias y tradiciones.

Número siete

Este número se considera de la suerte en muchas culturas. El siete se asocia a menudo con la buena fortuna, la plenitud y la espiritualidad. Este número es muy utilizado en muchas religiones, como el cristianismo, el islam y el judaísmo. La asociación del siete en las tradiciones religiosas simboliza la perfección y la plenitud.

Número ocho

En la tradición y la cultura chinas, el ocho se considera el número de la suerte. El sonido que produce el número ocho cuando se habla en chino es similar al de la palabra prosperidad. Ocho suena como "Pa", mientras que prosperidad suena como "Fa". Este número se asocia ampliamente con la riqueza, el éxito y la buena fortuna, y se cree que desempeña un papel fundamental en las transacciones comerciales.

Número nueve

El nueve se considera un número de la suerte en la cultura japonesa. El número nueve en japonés tiene una pronunciación similar a la palabra "longevidad". Esta asociación de palabras y números de sonido similar confiere al número nueve un lugar especial en la sociedad japonesa. Este número está relacionado con la felicidad, la longevidad, la buena salud y la dicha.

Número tres

Varias culturas de todo el mundo ven en el número tres un símbolo de plenitud, armonía y unidad. El número está ampliamente expresado en el arte y la literatura y tiene una asociación espiritual.

Números de la mala suerte

Se cree que los números de la mala suerte traen mala suerte o desgracia a quienes los utilizan. Pueden basarse en supersticiones culturales o acontecimientos históricos y a menudo se evitan o se omiten por completo. Algunos de los números de la mala suerte más comunes son:

Cuatro: Considerado de mala suerte en muchas culturas de Asia Oriental, el cuatro se asocia a menudo con la muerte, ya que suena parecido a la palabra "muerte" en muchos idiomas de Asia Oriental. Este número suele omitirse o evitarse en edificios, números de teléfono y otros contextos.

Trece: Considerado de mala suerte en muchas culturas occidentales, el trece se asocia a menudo con la mala suerte. Este número se conoce a veces como el número de la "mala suerte" o "de la superstición" y suele evitarse u omitirse en muchos contextos, incluidos edificios y hoteles.

Seis-seis-seis: El 666 se considera un número de mala suerte en muchas culturas, ya que suele asociarse con el mal o el diablo. Este número se conoce a veces como el "número de la bestia" y suele evitarse u omitirse en muchos contextos.

Además de estos ejemplos típicos, muchos otros números de la suerte y la mala suerte varían mucho de una cultura a otra. Algunas culturas tienen diferentes números de la suerte y la mala suerte para distintas ocasiones o acontecimientos. Por ejemplo, en algunas tradiciones indias, el número nueve se considera de la suerte en las bodas, mientras que el número ocho se considera de la mala suerte en los funerales.

En general, los números de la suerte y la mala suerte son una parte fascinante y compleja de la cultura humana, lo que demuestra las profundas conexiones entre los números, la cultura y la superstición. Aunque estas creencias no se basen en pruebas científicas, siguen siendo esenciales en la vida y las creencias de muchas personas. Son un testimonio del poder perdurable de la superstición y la tradición humanas.

Simbolismo popular de los números

Uno: Unidad, independencia, individualidad, comienzos, singularidad. El número uno se asocia a menudo con los nuevos comienzos y el volver a empezar. Representa la independencia y la individualidad, ya que está solo y no es divisible. También puede representar la singularidad del universo o de un ser divino. El uno puede representar el yo, el liderazgo, la confianza y la determinación.

Dos: Dualidad, equilibrio, armonía, polaridad, asociación y oposición. El número dos representa la dualidad y la polaridad. Puede representar el equilibrio entre fuerzas opuestas, como la luz y la oscuridad, el bien y el mal, o el yin y el yang. También representa el concepto de asociación y relaciones. El dos puede representar la armonía, la cooperación y la diplomacia.

Tres: Trinidad, culminación, perfección, conciencia espiritual, creatividad y crecimiento. El número tres se asocia a menudo con la culminación, la perfección y la trinidad en muchos contextos religiosos. Representa la unidad de mente, cuerpo y espíritu. El tres puede representar la creatividad, el crecimiento, el desarrollo, la conciencia espiritual y la conexión.

Cuatro: Estabilidad, orden, organización, mundo material, los cuatro elementos, dirección y fundamento. El número cuatro representa la estabilidad y el orden en el mundo material. Representa los cuatro elementos (tierra, aire, fuego y agua), las cuatro estaciones (primavera, verano, otoño e invierno) y las cuatro direcciones (norte, sur, este y oeste). El cuatro puede representar los cimientos, la estructura y la importancia de la planificación y la organización.

Cinco: Aventura, cambio, flexibilidad, ingenio, versatilidad y libertad. El número cinco representa el cambio y la transformación, los cinco sentidos y los cinco dedos de la mano. Representa la libertad, la flexibilidad y el ingenio. El cinco también puede representar la aventura y la necesidad de explorar.

Seis: Armonía, equilibrio, domesticidad, familia, comunidad, amor y belleza. El número seis representa la armonía y el equilibrio en las relaciones, especialmente en el contexto de la familia y la comunidad.

Representa el amor, la compasión y la empatía. El seis también puede representar la belleza y la estética.

Siete: Misterio, intuición, conciencia espiritual, análisis, sabiduría, introspección. El número siete se asocia a menudo con el misterio y la conciencia espiritual. Representa la introspección, la autorreflexión y la necesidad de análisis y comprensión. El siete también se asocia con la intuición y la sabiduría.

Ocho: Abundancia, éxito, infinito, riqueza material, negocios, finanzas, poder. El número ocho se asocia a menudo con la riqueza material y el éxito, especialmente en el contexto de los negocios y las finanzas. Representa la abundancia, el infinito y el concepto de poder y control, y el ocho también puede representar la organización y la gestión.

Nueve: Iluminación, culminación, espiritualidad, amor universal, humanitarismo, misticismo. El número nueve representa la culminación y el final de un ciclo. A menudo se asocia con la iluminación espiritual y el concepto de amor universal. El nueve también puede representar el humanitarismo y la necesidad de compasión y empatía hacia los demás. Se asocia con el misticismo, la búsqueda de significado y una comprensión más profundos.

Diez: Culminación, totalidad, logro, realización, integración, perfección. El número diez representa la plenitud y la totalidad, sobre todo en los logros y las realizaciones. Representa la integración y la unión de diferentes partes para crear un todo. El diez también puede representar la perfección y la búsqueda de la excelencia.

El número trece y las supersticiones

El número trece es una de las supersticiones más conocidas y duraderas de la cultura occidental y está asociado a diversas supersticiones y creencias populares.

Una de las supersticiones más comunes en torno al número 13 es que se considera de mala suerte. Los orígenes de esta creencia están parcialmente claros, pero hay varias teorías populares sobre sus orígenes.

Una teoría es que la superstición que rodea al número 13 se remonta a la última cena, en la que había 13 personas presentes, Jesús y sus 12 discípulos, y uno de los discípulos, Judas, traicionó más tarde a Jesús. Esto ha llevado a algunos a asociar el número 13 con la traición y a considerarlo un símbolo de mala suerte y maldad.

Otra teoría es que la superstición que rodea al número 13 tiene que ver con los caballeros templarios. Según la leyenda, el viernes 13 de octubre de 1307, el rey Felipe IV de Francia ordenó la detención y ejecución de todos los templarios, una poderosa y rica orden religiosa de la época. Este suceso se ha asociado con la mala suerte y la desgracia y puede haber contribuido a la superstición que rodea al número 13.

En la cultura occidental, varias supersticiones populares y creencias populares se asocian al número 13. Estos son algunos ejemplos. He aquí algunos ejemplos:

La triscaidecafobia es el miedo al número trece y es una de las supersticiones más conocidas en torno a este número. Algunas personas tienen tanto miedo al número 13 que hacen todo lo posible por evitarlo: evitan viajar, firmar contratos o tomar decisiones importantes el día 13 del mes o el viernes 13.

Edificios sin planta 13: Muchos edificios y hoteles omiten por completo la planta 13 y la denominan planta 14. Esto se hace para evitar la superstición de la gente de que el 13 es el día de la muerte. Esto se hace para evitar la superstición que rodea al número 13 y hacer que el edificio o el hotel sean más atractivos para quienes temen a este número.

Día de mala suerte: En la cultura occidental, el viernes 13 suele considerarse el día más desafortunado del año. Muchas personas creen que es más probable que ocurran cosas malas ese día y toman precauciones adicionales para evitar accidentes o desgracias.

Mala suerte en numerología: En numerología, el número 13 suele considerarse de mala suerte porque se ve como una combinación de los números 1 y 3, ambos asociados a la mala suerte en algunas culturas.

Afortunado en algunas culturas: Aunque el número 13 suele considerarse de mala suerte en la mayoría de las culturas occidentales, en realidad se considera afortunado en algunas otras culturas. Por ejemplo, en Italia, el número 13 se asocia con la buena suerte y la prosperidad y se utiliza a menudo en la lotería y otros juegos de azar.

En general, las supersticiones y creencias populares en torno al número 13 son complejas y variadas y demuestran el poder duradero de las creencias y supersticiones humanas. Aunque estas creencias pueden no estar basadas en pruebas científicas, siguen desempeñando un papel esencial en la vida y las creencias de muchas personas y son un testimonio de las profundas conexiones entre los números, la cultura y la superstición.

Simbolismo espiritual de los números

El simbolismo espiritual de los números varía según las culturas y los sistemas de creencias. En muchas tradiciones espirituales, se cree que los números tienen significados más profundos que su valor matemático y se utilizan para transmitir mensajes espirituales, verdades y sabiduría. He aquí algunos ejemplos:

Uno: En muchas tradiciones espirituales, el número uno representa la unidad de todas las cosas y la interconexión del universo. Se considera la fuente de toda la creación y representa la chispa divina dentro de cada persona.

Dos: El número dos representa la dualidad y el equilibrio. Simboliza las fuerzas complementarias de la naturaleza, como el yin y el yang, la luz y la oscuridad, y lo masculino y lo femenino. En algunas tradiciones espirituales, el número dos también se asocia con la asociación, la cooperación y la armonía.

Tres: El tres es un número poderoso en muchas tradiciones espirituales: El tres es un número poderoso en muchas tradiciones espirituales, ya que representa el equilibrio y la armonía. A menudo se ve como un símbolo de la trinidad, como el Padre, el Hijo y el Espíritu Santo en el cristianismo, o las tres joyas del budismo (Buda, Dharma y Sangha). El tres también puede representar el pasado, el presente y el futuro, o el cuerpo, la mente y el espíritu.

Cuatro: En muchas tradiciones espirituales, el cuatro representa la estabilidad y el arraigo. Se asocia con los cuatro elementos (tierra, aire, fuego y agua), las cuatro direcciones (norte, sur, este y oeste) y las cuatro estaciones. En algunas tradiciones espirituales, el cuatro también se asocia con el materialismo y el mundo físico.

Cinco: El cinco se asocia a menudo con los cinco sentidos, así como con los cinco elementos (tierra, aire, fuego, agua y éter o espíritu). También se considera un símbolo de equilibrio, armonía, libertad y aventura.

Seis: El seis se asocia a menudo con el equilibrio, la armonía y el amor. En algunas tradiciones espirituales, representa la unión de las energías divinas masculina y femenina y simboliza la creatividad y la fertilidad.

Siete: El siete es un número poderoso que representa la espiritualidad, la sabiduría y el misterio. A menudo se asocia con los siete chakras en el hinduismo y el budismo, los siete días de la creación en el cristianismo y los siete planetas en la astrología antigua.

Ocho: En muchas tradiciones espirituales, el ocho se asocia con la abundancia, la prosperidad y el éxito. A menudo se considera un símbolo del infinito y la vida eterna, y se cree que trae buena fortuna y prosperidad.

Nueve: Se asocia con la iluminación espiritual, la transformación y la culminación. Se considera un símbolo del final de un ciclo y el comienzo de uno nuevo, y se cree que aporta una sensación de plenitud y crecimiento espiritual.

En general, el simbolismo espiritual de los números es complejo y está profundamente arraigado en muchas culturas y sistemas de creencias. Aunque estas creencias pueden no estar basadas en pruebas científicas, siguen aportando significado y orientación a muchas personas en sus viajes espirituales.

Las creencias sobre los números de la suerte y de la desgracia varían mucho de una cultura a otra y de una región a otra, y lo que se considera de la suerte o de la desgracia en una cultura puede no ser lo mismo en otra. Dicho esto, he aquí algunos de los números de la suerte y la mala suerte más comúnmente reconocidos, junto con las supersticiones asociadas:

Números de la suerte

Siete: El siete se considera un número de la suerte en muchas culturas y se asocia a menudo con el espiritualismo y el misticismo. En algunos sistemas de creencias, el siete representa la totalidad o la perfección, como en los siete días de la creación en la tradición judeocristiana. Se cree que el siete es un número de la suerte en China porque su pronunciación es similar a la palabra china para "unión".

Ocho: En la cultura china, el número ocho se considera extremadamente afortunado porque su pronunciación es similar a la palabra china para "prosperidad" o "riqueza". Como resultado, el número ocho se asocia a menudo con el éxito financiero y la buena fortuna.

Nueve: En algunas culturas, el número nueve se considera de la suerte porque se asocia con una larga vida. En la cultura china, el número nueve se asocia con el emperador y se cree que es el número más afortunado.

Números de la mala suerte

Trece: El número trece está ampliamente considerado como de mala suerte en las culturas occidentales y a menudo se asocia con la mala suerte e incluso con la muerte. Esta superstición puede tener su origen en la creencia cristiana de que el trece daba mala suerte porque era el número de personas que participaron en la última cena (incluido Judas, que más tarde traicionó a Jesús).

Cuatro: En muchas culturas asiáticas, el número cuatro se considera de muy mala suerte porque su pronunciación es similar a la palabra "muerte" en chino, japonés y coreano. Como resultado, muchos edificios de estas culturas no tienen cuatro. Las creencias sobre los números de la suerte y la mala suerte han estado presentes en muchas culturas y tradiciones durante siglos. Estas creencias suelen estar profundamente arraigadas en la superstición y no se basan en pruebas científicas.

Los números de la suerte varían de una cultura a otra. Por ejemplo, en la cultura china, el número ocho se considera de la suerte porque su pronunciación suena similar a la palabra "riqueza", mientras que el número nueve se considera de la suerte en Japón porque se asocia con la longevidad. En el hinduismo, el número 108 se considera muy auspicioso y sagrado, mientras que, en el mundo occidental, el número siete suele considerarse un número de la suerte, posiblemente por su asociación con un significado espiritual y místico.

Por otra parte, algunos números se consideran de mala suerte en muchas culturas. El número 13 es el ejemplo más conocido de número de la mala suerte, especialmente en las culturas occidentales. A veces se denomina triscaidecafobia. En muchas culturas asiáticas, el número cuatro da mala suerte porque suena parecido a "muerte". Del mismo modo, el número nueve se considera de mala suerte en Japón porque suena parecido a la palabra "sufrimiento".

Las supersticiones asociadas a estos números pueden ir desde evitar utilizar determinados números o evitar ciertos pisos en edificios que contengan esos números hasta tomar decisiones importantes basándose en la percepción de suerte o mala suerte de un número. Por ejemplo, algunas personas pueden intentar programar acontecimientos importantes en días "afortunados" o evitarlos en días "desafortunados", mientras que otras pueden evitar casas o edificios con determinados números.

Aunque estas creencias pueden no estar basadas en pruebas científicas, siguen determinando la forma en que las personas interactúan con el mundo que les rodea, y el número cuatro suele evitarse a toda costa.

Nueve: Aunque el número nueve se considera de la suerte en algunas culturas, también se considera de la mala suerte en otras. En Japón, el número nueve se asocia con el sufrimiento y la miseria y suele evitarse. En el hinduismo, el número nueve se considera desfavorable porque se asocia con la diosa Kali, a menudo relacionada con la muerte y la destrucción.

En general, las creencias sobre los números de la suerte y la mala suerte están profundamente arraigadas en la cultura y la tradición y pueden tener un fuerte impacto en el comportamiento y la toma de decisiones de las personas. Aunque estas creencias no se basen en pruebas científicas, siguen determinando la forma en que las personas interactúan con el mundo que les rodea.

Capítulo 7: Supersticiones sobre alimentos y objetos

Está en casa de un amigo y fuera llueve a cántaros. Cuando está a punto de salir, abre el paraguas antes de salir por la puerta. De repente, su amigo jadea y exclama: "¿Qué has hecho?". Existe la superstición común de que da mala suerte abrir un paraguas dentro de casa, ya que la gente cree que trae desgracia. Hay muchas supersticiones similares, como que pasar por debajo de una escalera, romper un espejo, echar sal o cortar un plátano también trae mala suerte.

Del mismo modo, muchas supersticiones están asociadas a la buena suerte, como colgar una herradura en casa o comer guisantes de ojo negro. En este capítulo trataremos las supersticiones más comunes sobre objetos y alimentos, así como su historia y origen.

Supersticiones sobre los alimentos

Cada cultura tiene sus propias supersticiones sobre los alimentos. Algo aceptable en un país se considera mala suerte en otro. Mientras que algunas supersticiones están relacionadas con la historia, otras se derivan de creencias religiosas.

Bananas

Las bananas simbolizan la libertad
https://unsplash.com/photos/VI2rIoZUrks?utm_source=unsplash&utm_medium=referral&utm_content=creditShareLink

Las bananas simbolizan la libertad, la abundancia y la generosidad. Se cree que cortar esta fruta trae desgracias; en su lugar, hay que partirla en trozos. Las cáscaras de banana deben tirarse siempre a la basura; si uno las tira al suelo, puede experimentar un destino terrible. Es sabido que resbalar con una cáscara de banana puede causar lesiones graves, de ahí el origen de la superstición.

Los marineros consideran que las bananas son un mal presagio, por lo que no se debe comer una cuando se está en un barco o buque.

Guisantes de ojo negro

Los guisantes de ojos negros simbolizan la buena suerte. Comerlos en Nochevieja en EE.UU. invitará a la buena salud y la prosperidad en el año venidero.

Pan

El pan se considera sagrado en muchos países del mundo, y algunas culturas incluso tratan a los panaderos como sacerdotes. Casi todo el mundo come pan, por lo que existen diversas supersticiones relacionadas con él que proceden de muchas regiones.

Hornear pan

Según una superstición escocesa, cantar mientras se hornea el pan trae mala suerte. A veces, después de hornear el pan, las barras se quedan pegadas. Cuente los panes pegados; si hay cuatro, significa que usted o alguien de su familia se casará. Sin embargo, si hay cinco panes pegados, pronto asistirás al funeral de alguien.

Pan y mantequilla

Dejar caer una rebanada de pan con mantequilla al suelo puede tener diferentes significados, dependiendo de cómo caiga. Si cae del lado de la mantequilla, significa que un familiar o un amigo va a venir a visitarle, por lo que debe preparar su casa para recibir invitados. Sin embargo, otros creen que, si cae del lado de la mantequilla, traerá mala suerte.

Se inspira en una superstición latina que dice que, si a un niño se le cae el pan por el lado de la mantequilla, es un mal presagio, pero si cae por el otro lado, da buena suerte.

Esta superstición influyó en el dicho "¿Por qué el pan siempre cae con la mantequilla hacia abajo?", que se dice para indicar la desgracia que les sobreviene cuando el pan cae por el lado de la mantequilla.

Cortar una cruz en el pan

En la época medieval, cortar cruces en las barras de pan podía ahuyentar a los malos espíritus y protegerle de las brujas. Esta superstición se originó en Inglaterra en el siglo XIII. Un monje llamado san Albán inició esta tradición y la llamó "los bollos del Viernes Santo".

Hoy en día, en Gran Bretaña, esta superstición sigue siendo popular y la gente hace panes y productos horneados con cruces, pero en lugar de hacer un corte en el pan, lo dibujan con glaseado. Aunque se pueden hacer bollos con cruces calientes todo el año, son más comunes en Semana Santa. De hecho, la gente creía que, si los horneaba un viernes de Semana Santa, el pan quedaría encantado.

Cómo cortar el pan

La forma de cortar el pan puede traer buena o mala suerte. Cortar una barra de pan de manera uniforme le traerá buena suerte, prosperidad y éxito. Sin embargo, si los trozos de pan resultan desiguales, significa que está mintiendo sobre algo o que guarda un secreto.

En otra superstición, las culturas antiguas creían que cortar el pan con un cuchillo traía mala suerte. El pan es un regalo enviado por Dios, así que hay que partirlo con las manos, ya que utilizar un cuchillo es un insulto a Dios. Sin embargo, si tiene que utilizar un cuchillo, no lo corte por los dos lados. Cortar el pan por un lado, le traerá prosperidad y bendiciones.

Encontrar un cadáver

Los europeos y los indios americanos creían que con pan se podía encontrar a una persona ahogada. La gente añadía azogue al pan, lo tiraba al agua y observaba cómo flotaba y dejaba de moverse en el mismo lugar donde yacía el cadáver.

El último trozo de pan

Nunca coma el último trozo de pan, aunque se esté muriendo de hambre, ya que le traerá mala suerte. Si es soltero y come el último trozo de pan antes de que alguien se lo ofrezca, permanecerá soltero para siempre.

Sin embargo, si alguien le ofrece pan con mantequilla, acéptelo y cómalo enseguida, puesto que le traerá buena suerte, amor o dinero.

Cómo hacer que su suegra le quiera

Los griegos creen que, si piensa que su suegra no le quiere, coma la parte inferior de una barra de pan y empezará a caerle bien.

Poner el pan boca abajo

Poner el pan boca abajo puede traer desgracias e invitar al diablo a casa. Esta superstición se remonta a la Francia del siglo XV. En aquella época, el rey Carlos VII celebraba muchas ejecuciones públicas. Pedía a los ciudadanos que actuaran como verdugos, de modo que cualquiera con un hacha en la mano podía hacer el trabajo. Muchos parisinos se sentían incómodos con los verdugos, algunos incluso los odiaban. Los panaderos expresaron sus sentimientos hacia ellos haciéndoles pan de baja calidad. Cuando el rey Carlos VII se enteró, ordenó que los panaderos debían tratar a todos sus clientes por igual, incluidos *los verdugos*.

Los panaderos decidieron que, en lugar de tener que lidiar a diario con estos hombres, hornearían baguettes de gran calidad y las colocarían boca abajo. Esto indicaba que las barras de pan estaban reservadas para los verdugos, y nadie podía tomarlas. Los verdugos entraban en las panaderías todas las mañanas, recogían el pan boca abajo sin hablar con nadie y se marchaban.

Hoy en día, la gente cree que colocar los panes boca abajo invita a un equivalente del verdugo, como el diablo o el mal, a su hogar.

Pan que sube

Si el pan sube mientras lo está horneando, esto indica que una persona especial está pensando en usted en este preciso momento.

Tirar el pan

Tirar pan duro se considera mala suerte, e incluso pecado en algunas culturas. Si tira migas de pan al suelo, también puede traerle falta de prosperidad. En Rusia, creen que después de morir, el pan que usted tira se pesará en la otra vida para determinar si acabará en el cielo o en el infierno.

Tirar el pan al fuego

Según antiguas creencias, si tira trozos de pan al fuego, estará alimentando a Lucifer. Según otra superstición, arrojarlo al fuego provocará la muerte por inanición. Los antiguos católicos contaban a los niños que la Virgen María lloraba cada vez que arrojaban pan al fuego. Por esta razón, los panaderos cortan una cruz en la masa antes de meterla en el horno para protegerla del diablo.

Huevos

Los huevos representan la fertilidad, la esperanza, el ciclo de la vida y la pureza. Si usa huevos y encuentra uno con doble yema, alguien en su casa tendrá gemelos. Esta superstición tiene su origen en la antigua Roma. Sin embargo, en la mitología nórdica, un huevo con dos yemas predice la muerte de alguien.

En las culturas asiáticas, los huevos son símbolo de prosperidad y buena fortuna.

Pescado

Los pescados simbolizan los sentimientos, la salud, el cambio, la fertilidad, la suerte y el renacimiento. En la República Checa, poner escamas de pescado bajo el plato de la cena navideña trae buena suerte, y también hay quien pone escamas de pescado en la cartera para atraer la riqueza.

Ajo

El ajo es muy apreciado en distintas culturas porque simboliza la buena fortuna y puede proteger contra la magia negra. En la antigua Italia se creía que comer un diente de ajo a primera hora de la mañana traía buena suerte. En Grecia, la gente cree que la palabra "ajo" significa buena suerte y que colgar una cabeza de ajo en casa traerá buena suerte y ahuyentará a los malos espíritus.

En Polonia, los adultos comían un diente de ajo y pronunciaban la palabra serpiente delante de los niños para protegerlos de la mala suerte que pudiera traerles una serpiente. Una de las supersticiones más populares relacionadas con el ajo es que puede proteger contra los vampiros.

Uvas

Las uvas simbolizan la abundancia
https://unsplash.com/photos/LYaW8eq3mjs?utm_source=unsplash&utm_medium=referral&utm_content=creditShareLink

Las uvas simbolizan las variaciones y la abundancia. En España y Sudamérica se cree que comer doce uvas a medianoche en Nochevieja predice si el año será bueno o malo. Cada uva representa un mes del año entrante. Una uva dulce indica que tendrá un buen mes, mientras que una uva ácida indica que la mala suerte se ensañará con usted en ese mes concreto.

Pimientos picantes

Si está comiendo con un amigo y le pide que le pase los pimientos picantes o jalapeños, colóquelos en la mesa y pídale que los tome. Dar a un amigo pimientos picantes puede causar problemas entre los dos.

Fideos

En China, los fideos representan una larga vida. Cortar los fideos mientras los preparas acortará su vida. Intente comer los fideos sorbiéndolos para asegurarse una larga vida.

Cebollas

La cebolla es símbolo de unidad y, en algunas culturas, representa la vida eterna. Se cree que cuando tira cáscaras de cebolla al suelo, invita a la mala suerte a su vida y desecha la buena fortuna. Si cuelga una cebolla pequeña sobre la ventana, evitará que los malos espíritus entren en su casa.

Arroz

El arroz simboliza la buena salud, la fertilidad, el éxito, la riqueza y la prosperidad. Seguramente se habrá dado cuenta de que en las bodas se tira arroz. Se trata de una antigua tradición originaria de Italia, y se cree que aporta fertilidad y prosperidad a los recién casados.

En Filipinas, comer arroz del fondo de la olla conllevará una serie de pérdidas en su vida. Por ejemplo, será la última persona en ascender en el trabajo, perderá una carrera y será el último en todo en la vida.

Sal

La sal simboliza la conservación, la pureza, el lujo, los malos pensamientos y la muerte. Se cree que derramar sal puede traerle una racha de mala suerte. Sin embargo, se puede dar la vuelta a la situación arrojando una pequeña cantidad de sal sobre el hombro izquierdo, ya que es ahí donde se sienta el diablo. Esta superstición tiene su origen en el cuadro "la última cena" de Leonardo da Vinci, en el que se derrama sal delante de Judas.

En la antigüedad, la sal era muy valiosa y se utilizaba como moneda. Así que cuando alguien la derramaba, estaba malgastando dinero, que es probablemente cómo se convirtió en una superstición.

Yogur

El yogur simboliza la transformación y la gratitud. En la India, la gente come yogur con azúcar antes de emprender un nuevo negocio, y los estudiantes lo comen antes de un examen para atraer el éxito y la buena suerte.

Supersticiones sobre objetos

Hay muchas supersticiones fascinantes de todo el mundo sobre distintos objetos. Dependiendo de su uso, un mismo objeto puede traer tanto buena como mala suerte.

Herraduras

Las herraduras siempre han sido símbolo de buena suerte. Sin embargo, algunas supersticiones relacionadas con ellas demuestran que son algo más que un amuleto de la suerte.

Mala suerte

Colgar una herradura boca abajo puede traer mala suerte, ya que la suerte se escapará. Sin embargo, otras supersticiones dicen que puede proteger la casa contra el diablo.

Ahuyentar el mal

Colgar una herradura en casa ahuyenta a los malos espíritus e invita a la buena suerte. La buena suerte también puede extenderse a cualquiera que entre en su casa. En algunas culturas, si cuelga una herradura en la puerta y recibe una visita, debe entrar y salir por la misma puerta, o se llevará toda la suerte consigo. Esta superstición se remonta a la antigua Inglaterra, cuando el diablo acudió a un herrero y le pidió que le hiciera un par de zapatos. El herrero lo reconoció y clavó una herradura en uno de sus cascos. El diablo estaba muy angustiado y dolorido, y el herrero aprovechó la situación, lo ató y lo encarceló. Aceptó liberarlo con una condición: que prometiera no entrar nunca en una casa si en la puerta colgaba una herradura.

Debajo de la almohada

En Nochevieja, coloque una herradura bajo la almohada y duerma sobre ella para atraer la buena fortuna a su vida en el año venidero.

Escaleras

Las escaleras simbolizan la ascensión, la progresión y la conexión entre el mundo físico y el cielo. Muchas culturas creen que pasar por debajo de una escalera puede traer mala suerte a su vida. Esta superstición tiene su origen en el antiguo Egipto. Los antiguos egipcios creían que las pirámides y todas las demás figuras triangulares eran fuerzas sagradas y poderosas de la naturaleza, y que daba mala suerte romper una.

Un muro y una escalera inclinada formaban un triángulo, de modo que cuando uno pasa por debajo de una escalera, está rompiendo el triángulo, que es una fuerza de la naturaleza. Los antiguos egipcios también enterraban escaleras con sus muertos, para poder utilizarlas para ascender al cielo. También creían que se corría el riesgo de molestar y enfadar a los dioses y diosas al pasar por debajo de una escalera.

Sin embargo, el miedo a pasar por debajo de una escalera no se generalizó hasta la Edad Media. Una escalera apoyada en una pared se parece mucho a la horca. Durante las ejecuciones, las personas que iban a ser ahorcadas solo llegaban a la soga subiéndose a una escalera. Antes de las ejecuciones, los criminales también debían pasar por debajo de una. La gente creía que, si uno pasaba por debajo de una escalera, algún día se enfrentaría a la ejecución. Por eso la gente la asocia con la mala suerte e incluso con la muerte.

Otra versión de la superstición está asociada a la religión. El Espíritu Santo, el Hijo y el Padre representan la Santísima Trinidad y el número tres, que es sagrado en el cristianismo. Como una escalera apoyada en una pared parece un triángulo, pasar por debajo de una puede romper la sagrada Trinidad. También se cree que es un acto blasfemo, un pecado, y que puede invitar al diablo a entrar en su vida. Cuando está apoyada contra una pared, una escalera puede representar un crucifijo que simboliza la muerte y la traición, por lo que caminar bajo ella traerá mala fortuna a su vida.

Espejos

Los espejos se consideran sagrados en muchas culturas
https://www.pexels.com/photo/oval-brown-framed-mirror-954539/

Los espejos simbolizan la vanidad, la arrogancia y el agua. En muchas culturas de todo el mundo, los espejos se consideran encantados y sagrados.

Un buen susto

A veces, puede asustarle entrar en un lugar y que le tome desprevenido su reflejo en un espejo. Aunque esto puede resultar embarazoso, le traerá buena suerte. Sin embargo, no intente asustarse a propósito porque no será efectivo. El susto tiene que producirse de forma natural.

Calmar sus nervios

Mirar su reflejo en el espejo cuando está ansioso o estresado le hará sentirse más tranquilo y relajado. Se cree que los espíritus se llevarán todos sus problemas. Sin embargo, mirarse en el espejo durante mucho tiempo provocará a los espíritus, y pueden venir a por su alma.

Bloody Mary, Bloody Mary, Bloody Mary

Una de las supersticiones más populares y espeluznantes asociadas a los espejos es *Bloody Mary*. Según la leyenda, cuando usted enciende una vela y atenúa las luces, y dice "Bloody Mary" tres veces frente a un espejo, Mary se le aparecerá como un reflejo. Gritará o le agarrará por el cuello. Incluso puede escapar del espejo y perseguirle.

Esta superstición se originó en la antigua Inglaterra cuando la reina de Inglaterra, María Tudor, dio órdenes de matar a 280 protestantes.

Cubrir los espejos

Muchas personas cubren sus espejos tras la muerte de un ser querido. La creencia es que los espíritus permanecen en su casa hasta que se entierra el cuerpo. Si el espíritu ve un espejo, quedará atrapado en él para siempre, y el espejo adoptará la apariencia de la persona. Esto parece el argumento de una película de miedo.

Algunas personas creen que los espejos son las puertas del diablo y que los utiliza para entrar en este mundo. Cubrir los espejos le protegerá a usted y a su hogar de los demonios.

Regalar espejos

En las culturas asiáticas, regalar un espejo a los recién casados el día de su boda trae mala suerte. Los espejos se rompen con facilidad, y el matrimonio debe ser fuerte y durar para siempre, por lo que pueden ser vistos como un mal presagio cuando se regalan.

Los espejos también pueden atraer a los malos espíritus, por lo que no son un regalo apropiado para nadie, y mucho menos para los recién casados.

Mirarse al espejo

Si los recién casados se miran juntos en un espejo justo después de casarse, sus almas se unirán para siempre. También crearán una realidad alternativa en la que sus almas pasarán la eternidad juntas.

Siete años de mala suerte

En la antigua Roma, romper un espejo traía siete años de mala suerte. Creían que la vida se renovaba cada siete años, que es cuando terminaría la maldición.

Por otro lado, un espejo que no se rompe por muchas veces que lo deje caer simboliza la buena suerte. Sin embargo, esto no significa que deba seguir dejando caer un espejo para tener buena suerte, porque una vez que se rompa, su suerte cambiará para peor.

Paraguas

Los paraguas simbolizan la feminidad, el cobijo, el poder, la prosperidad y la protección. Muchas personas en todo el mundo creen que abrir un paraguas dentro de casa puede traerles mala suerte e infelicidad. El origen de esta superstición se remonta al antiguo Egipto. Los antiguos egipcios creían que abrir paraguas dentro de casa era una ofensa a Ra, el dios del sol y creador del universo, por lo que era una de las deidades más respetadas entre su pueblo. Así que cuando uno le ofendía, se arriesgaba a su ira y a la mala suerte por haber abierto la sombrilla lejos del sol. Ra no solo castigaba a la persona que abría el paraguas, sino también a todos los que vivían en la casa.

Algunas personas creen que solo un paraguas negro o uno nuevo traerá suerte si se abre dentro de casa. En los tiempos modernos, la gente cree que abrir un paraguas dentro de casa no es una buena idea. Puede invitar a fantasmas y espíritus malignos a entrar en casa, traer la discordia entre usted y un ser querido, y también puede predecir una muerte inminente.

Las supersticiones sobre alimentos y objetos existen desde hace siglos. Un objeto puede traer buena o mala suerte según la cultura o el uso que se le dé. Algunas de estas supersticiones pueden incluso hacer cambiar de opinión a los más incrédulos. Por ejemplo, comer un diente de ajo en ayunas no solo trae buena suerte, sino que previene enfermedades. Abrir un paraguas en casa no solo invita a la desgracia, sino que también puede dañar sus pertenencias.

Capítulo 8: Supersticiones sobre el nacimiento y la muerte

Las supersticiones no solo están relacionadas con los números, los animales, los objetos o la comida. Muchas otras están relacionadas con el nacimiento y la muerte. Muchos cuentos antiguos de comadronas sobre el embarazo y los bebés han creado supersticiones fascinantes que siguen siendo populares hoy en día. Aunque varias supersticiones predicen la muerte, unas pocas están relacionadas con el entierro, los cadáveres y los cementerios. Aunque esto pueda sonar morboso, estas supersticiones tienen asociadas intrigantes e interesantes historias folclóricas.

En este capítulo trataremos las distintas supersticiones sobre el nacimiento y la muerte, así como su historia y orígenes.

Nacimiento

Muchas supersticiones sobre el nacimiento de distintas culturas están relacionadas con el parto, la crianza y la educación de los hijos. Algunas pueden sorprenderle, otras asustarle y algunas pueden resultar extrañas. Se cree que muchas supersticiones del nacimiento se originaron debido a la confusión de los padres con el cuidado de los niños y el parto.

Anuncios

En Bulgaria, las mujeres solo comparten la noticia de su embarazo con sus parejas y se abstienen de anunciar la noticia a nadie más durante todo el tiempo que pueden por miedo a que les caiga una maldición.

Ojos azules

En Bulgaria, la gente cree que la mala suerte caerá sobre sus hijos si los mira alguien con los ojos azules. Para deshacerse de esta maldición, los padres deben lavar el pie izquierdo y el ojo derecho del niño dos veces al día durante tres días.

Dagas y tijeras

En China, las mujeres embarazadas no deben tener tijeras, agujas ni ningún objeto afilado cerca de la cama porque representan el corte del cordón umbilical, lo que puede provocar un embarazo prematuro o defectos de nacimiento. Sin embargo, pueden guardar una daga debajo de la cama porque protege al feto de los malos espíritus.

Doctor oso

En Gran Bretaña existe la creencia de que, si un bebé se sienta en el lomo de un oso, no contraerá la tos ferina.

Comer pescado

En Canadá, la gente cree que, si una mujer embarazada tiene antojo de pescado, debe comerlo inmediatamente; ¡su bebé tendrá cabeza de pescado si no satisface su antojo!

Eclipse

En la India, es mala suerte que una mujer embarazada esté expuesta a un eclipse, ya que puede causar deformidades al feto. Durante un eclipse, deben cerrarse todas las ventanas y cortinas para proteger a la madre embarazada de los rayos del eclipse.

Primeros pasos

En Bulgaria, los padres tienen una bonita tradición llamada "proshtapulnik" que creen que determinará el futuro de su hijo. Ponen la mesa en su casa y colocan en ella algunos objetos relacionados con distintas profesiones. Por ejemplo, pueden añadir una pelota (deportes), una regla (ingenieros), una pequeña pizarra (profesores) y un estetoscopio de juguete (médicos). Cuando el bebé dé sus primeros pasos y elija uno de estos objetos, será su profesión cuando crezca.

Funerales

Los nativos americanos creían que las mujeres embarazadas debían mantenerse alejadas de los funerales porque podían provocar un aborto. Creían que las mujeres embarazadas que llevaban una nueva vida no debían exponerse al final de la vida, ya que el feto querría unirse al difunto y volver al reino de los espíritus.

Las embarazadas judías también evitan los funerales porque creen que el espíritu del difunto puede acercarse al feto y causarle daño.

Salta sobre el bebé

El catolicismo está muy extendido en España, y muchos son devotos de su creencia religiosa, por lo que algunas de sus supersticiones están relacionadas con su fe. Una de sus fiestas religiosas más populares se llama Corpus Christi y se celebra en junio, donde realizan algo llamado "salto del diablo". En el catolicismo, todos los bebés nacen con el pecado original. Por eso, durante la fiesta se celebra la tradición del Castrillo de Murcia, que pretende salvar al bebé de este pecado. Alguien se pone un traje amarillo y rojo para parecerse al diablo o El Colacho. Los bebés nacidos en los últimos doce meses son colocados en colchones en la calle y luego el personaje del diablo salta sobre ellos.

Algunas iglesias católicas creen que este salto purifica a los recién nacidos del pecado original. También evitará que los espíritus malignos les hagan daño y garantizará que lleven una vida alejada de la influencia del diablo. Como ocurre con cualquier superstición, algunas personas están en contra de esta tradición y consideran que puede poner en peligro la vida del bebé.

Mantener a los bebés alejados del suelo

En Bali (Indonesia), los recién nacidos deben mantenerse alejados del suelo durante unos cuatro meses después de nacer. Los bebés son sagrados en Bali, por lo que permitirles tocar el suelo se considera una blasfemia, ya que la tierra puede empañar y arruinar sus almas puras. Se cree que son los espíritus divinos de sus antepasados o reencarnaciones de sus familiares muertos y deben ser tratados con respeto.

En la cultura indonesia, el alma de un recién nacido aún no está completamente establecida, por lo que, si tocan el suelo, esto interferirá en el desarrollo del alma y su conexión con lo divino. Por ello, los bebés deben permanecer en sus cunas. A los tres meses, los padres celebran una ceremonia para su pequeño llamada "Nyabutan", en la que cortan el pelo al bebé, le dan un nombre y sirven comida a los invitados. También deben rociar agua bendita para apaciguar a los espíritus. Durante esta ceremonia, los bebés pueden tocar el suelo por primera vez.

Leis y madres embarazadas

Los leis son collares de flores que suelen llevar los turistas en Hawái. Aunque es una tradición divertida, puede dar mala suerte a las madres embarazadas llevarlos. Los hawaianos creen que las mujeres que están esperando un hijo no deben llevar leis ni ningún tipo de collar. Los collares se parecen al cordón umbilical, así que cuando una madre lleva uno, el cordón umbilical se ata alrededor del cuello del bebé y acaba con su vida.

En Hawái, la gente también cree que el lago Waiau está encantado, por lo que tirar el cordón umbilical de un niño en él garantizará que vivirá una vida muy larga.

Sin celebraciones

Hoy en día, los bebés se celebran incluso antes de nacer, con ceremonias como baby showers o fiestas para revelar su sexo. Sin embargo, en algunos lugares de Israel, estas celebraciones están mal vistas. Las familias judías creen que cualquier celebración previa al nacimiento es innecesaria porque se está celebrando un acontecimiento que ni siquiera ha sucedido todavía, y se está restregando la felicidad en la cara de los demás, lo que puede atraer el mal y la mala suerte al niño que está por nacer.

Sin espejos

Los griegos creen que los espejos pueden apoderarse del alma de un recién nacido y atraparla para siempre. Por esta razón, los bebés nunca deben ver sus reflejos. Algunas familias griegas cubren los espejos con mantas cuando hay un recién nacido en casa.

Otros países del mundo creen en esta superstición. Hay muchas supersticiones en torno a los espejos en diferentes culturas, porque a la gente siempre le resultan intrigantes.

No estar radiantes

A las embarazadas les encanta que les digan que están radiantes, excepto en Rusia. Allí las mujeres creen que este tipo de cumplidos no son más que falsos halagos y que pueden traerles el mal y mala suerte. Si alguien halaga a una futura madre embarazada, debe llevar un hilo rojo como pulsera para protegerse.

Frotarse el vientre

Aunque a muchas embarazadas les gusta frotarse la barriga para mostrar afecto al feto, en China esto puede llevar a dar a luz a un niño malcriado.

Saliva

En Filipinas, varias supersticiones derivan de tradiciones paganas. La gente cree que los bebés experimentan algo llamado usog, que es una sensación de angustia que proviene de ser afectado por un mal de ojo. Esto suele ocurrir cuando alguien les hace un cumplido. A causa de esta maldición, el niño puede sufrir diversas enfermedades, como fiebre. Los padres suelen pedir a sus amigos y familiares que no hagan cumplidos a sus bebés. Supongamos que el bebé es tan mono que la gente siente el impulso de elogiarlo. En ese caso, deben pronunciar el conjuro "pwera usog" para indicar que sus palabras son bienintencionadas y proteger al bebé de la angustia.

Sin embargo, si el bebé está maldito por el mal de ojo, la persona que ha lanzado el maleficio debe frotar con su saliva el hombro, la frente y el pecho del bebé.

Siete días

En Egipto, las familias celebran una ceremonia tradicional llamada "Sebou" siete días después del nacimiento del bebé. Es similar a un baby shower, con celebración, comida y regalos para el recién nacido. Durante la ceremonia, se coloca al bebé sobre una tela en el suelo y la madre salta siete veces sobre él. El propósito de esta ceremonia es proteger al niño del mal. Se suele rociar sal sobre la recién nacida y por toda la casa para protegerla de los malos espíritus.

Luchadores de sumo

Nadie quiere hacer llorar a un bebé, pero en Japón se fomenta porque trae buena suerte. Incluso hay un dicho en el país: "Los bebés que lloran crecen más rápido". Existe un popular festival anual llamado *Nakizumo*, en el que los luchadores de sumo intentan hacer llorar a los bebés. Los padres suelen esperar con impaciencia esta ceremonia, ya que determina la salud y el futuro de sus bebés. Los que lloran más fuerte tendrán más bendiciones cuando crezcan porque sus llantos ahuyentan a los malos espíritus.

La luna

Existen muchas supersticiones en torno a la luna llena, por lo que tiene sentido que las mujeres embarazadas de algunas culturas desconfíen de ella. Los aztecas (una antigua cultura de México) creían que cuando una mujer embarazada miraba a la luna, su bebé nacería con el paladar hendido (una deformidad de la boca). Cuando las mujeres embarazadas salían por la noche, llevaban algo metálico para protegerse los ojos de los rayos de la luna.

Tocar el vientre

En muchas culturas, a los amigos y familiares les gusta tocar el vientre de la embarazada, pues es una muestra de entusiasmo por el nuevo bebé. Sin embargo, en Liberia, las mujeres embarazadas son muy protectoras con su vientre. Creen que cualquiera que lo toque invitará a los malos espíritus a secuestrar al feto. Guardan este honor solo para las personas en las que confían, como familiares y amigos íntimos.

Bebé feo

En Siberia, comprar regalos para un bebé nonato se considera un insulto. Después del nacimiento, la gente también debe abstenerse de llamar al bebé lindo o adorable y en su lugar llamarlo feo porque les trae buena suerte.

Boda

En muchas culturas, es un paso en falso intentar eclipsar a una novia en su día especial, pero en China es más grave. Si una mujer embarazada está en la misma habitación que una novia y un novio, sus fortunas chocarán, lo que traerá mala suerte que solo afectará al feto.

La muerte

A mucha gente le aterroriza la muerte. Todo el mundo sabe que va a morir, pero nadie puede saber cuándo ni qué ocurrirá después. Este misterio ha dado lugar a muchas supersticiones sobre la muerte en diferentes culturas de todo el mundo.

Relojes

En Europa, las familias paran todos los relojes cuando muere una persona
https://www.pexels.com/photo/wall-clock-at-5-50-707582/

En muchos países europeos, tras la muerte de una persona, su familia detiene todos los relojes en el momento del fallecimiento. Esta antigua tradición simboliza que el tiempo se ha detenido para la persona fallecida. En los tiempos modernos, esta tradición es un signo de respeto por el difunto.

No seguir esta tradición traerá mala suerte a toda la familia.

Día de los muertos

En México, el 31 de octubre, el mismo día que Halloween, se celebra una famosa fiesta llamada "Día de Muertos". Hay muchas supersticiones en torno a este día que se remontan al Samhain y al paganismo. Los seguidores creen que ese día el velo entre el mundo de los muertos y el de los vivos es más débil y los espíritus de los difuntos pueden cruzar al reino físico y visitar a sus seres queridos.

Este

Hay una razón por la que muchas tumbas se colocan mirando al este, y está relacionada con las creencias religiosas. Cristianos y judíos creen que los muertos resucitarán por el este el día del juicio final. Sin embargo, esta tradición es anterior a ambas religiones. Los antiguos paganos, que adoraban al sol, creían que el este representaba el futuro y la promesa de una nueva vida, mientras que el oeste se asociaba con los finales. Enterraban a sus muertos de este a oeste para simbolizar que vivían una vida plena, y al igual que el sol sale cada día, ellos también volverán a salir.

Los pies primero

En la Inglaterra victoriana, la gente sacaba el cuerpo del difunto de su casa con los pies por delante. Con ello se pretendía evitar que el recién fallecido mirara hacia atrás e invitara a otra persona a reunirse con él en el más allá. También por eso solían cubrir los párpados del difunto con monedas.

Flores

Durante siglos, personas de todo el mundo han colocado flores sobre las tumbas de sus seres queridos. Sin embargo, algunas culturas tienen diferentes interpretaciones de esta tradición. Los antiguos romanos creían que los espíritus de los muertos vagaban por los cementerios. Por eso plantaban flores para crear un espacio agradable donde sus seres queridos pasaran la eternidad.

En la Europa de 1700 y 1800, la gente creía que las flores florecerían sobre las tumbas si una persona llevaba una vida honorable. Sin embargo, si las malas hierbas rodeaban las sepulturas, se trataba de personas malas y deshonestas.

Guantes

Otra superstición de la época victoriana es que los portadores del féretro deben llevar guantes. La gente creía que el espíritu de los muertos podía entrar en el cuerpo de los vivos a través de sus manos y poseerlos.

En aquella época, la gente estaba preocupada por la muerte, ya que había muchas enfermedades incurables y las consiguientes muertes. El cristianismo también enseña que los espíritus abandonan el cuerpo tras la muerte. Sin embargo, la gente de aquella época no sabía dónde iba el espíritu. No sabían si el espíritu se quedaba con el cuerpo o era libre de poseer a otros. Como no tenían respuestas, se las inventaban. Esto llevó a la creencia de que tocar un ataúd puede hacer que el espíritu te posea.

Esta superstición sigue siendo popular hoy en día.

Lápidas

¿Sabía que las lápidas tienen su origen en una superstición? Musulmanes, cristianos y judíos creen que cuando el mundo se acabe, los muertos resucitarán y serán juzgados por sus pecados. Esta creencia era común entre los europeos del siglo XVI. Sin embargo, les preocupaba que los muertos resucitaran demasiado pronto. Fue entonces cuando idearon las lápidas y las colocaron sobre la cabeza del difunto para evitar que resucitaran antes de tiempo. En algunos lugares de Inglaterra, colocan la lápida a los pies para que el difunto no pueda levantarse y caminar.

Poderes curativos

En Estados Unidos, la gente cree que los cadáveres tienen poderes curativos. Estar junto a uno durante un funeral puede curarle de varias enfermedades.

Carroza fúnebre

En Estados Unidos y muchos otros países, la gente cree que, si una carroza fúnebre se detiene delante de una casa, alguien de esa casa morirá. En África, se cree que tres personas de la familia fallecida morirán si el coche fúnebre se detiene tres veces.

Zapatos nuevos

En la época victoriana, la gente se abstenía de llevar ropa o zapatos nuevos en los funerales, ya que era una falta de respeto y traía mala suerte.

Filipinas

La cultura filipina tiene muchas supersticiones fascinantes sobre la muerte.

- Si estornuda en un funeral, es una invitación para que el espíritu del difunto visite su casa. Sin embargo, puede deshacer la invitación pidiendo a alguien que le pellizque.
- Caminar sobre hojas de guayaba después de un funeral evitará que los muertos le sigan.
- Nunca mire su casa durante un funeral, o traerá más muerte y mala suerte a su familia.
- No vaya a su casa después de un funeral. Deténgase antes en cualquier lugar, como una cafetería o una gasolinera, para evitar que el espíritu le siga a casa.
- No acuda a más de un funeral el mismo día, o usted o uno de sus familiares será el siguiente en morir.
- Procure que sus lágrimas no caigan sobre el ataúd, o el difunto no podrá pasar al otro mundo.

- Susurre sus deseos al oído del difunto para que se los lleve al cielo.
- Barrer su casa tras la muerte de un ser querido, desterrará su espíritu y traerá la muerte a otros miembros de la familia.
- Rompa un plato después de que alguien muera para detener el ciclo de la muerte.
- Los espíritus de los muertos suelen volver y vagar por sus casas. Los familiares deben enterrar a sus seres queridos sin zapatos para evitar oír sus pisadas.
- Los adultos deben vestir de negro en los funerales, pero los niños deben vestir de rojo para que no enfermen durante el funeral ni tengan pesadillas después.

Tres en tres

Probablemente, esté familiarizado con esta superstición: los famosos mueren de tres en tres. Por ejemplo, David Bowie, Prince y Alan Rickman murieron en los primeros meses de 2016. Lo mismo ocurrió con Michael Jackson, Farrah Fawcett y Ed McMahon, que murieron en junio de 2009. Hay muchos más ejemplos de tres famosos que murieron con días o semanas de diferencia. Esta superstición tiene su origen en el antiguo folclore inglés, según el cual se produjeron tres funerales en un breve espacio de tiempo.

Trueno

En Inglaterra, y concretamente entre los católicos, se cree que una tormenta eléctrica tras un funeral significa que el difunto ha entrado en el cielo. Sin embargo, si un trueno cae durante un funeral, no es una buena señal, ya que significa que el difunto sufrirá en la otra vida.

Esconder los pulgares

En Japón, siempre hay que esconder el pulgar cuando se camina cerca de un cementerio. En japonés, el pulgar se denomina "dedo de los padres", por lo que, al meterlo, se protege a los seres queridos. Si no lo hace, provocará la muerte de uno de sus padres o de ambos.

Silbidos

Aunque no es apropiado silbar en un cementerio, puede tener consecuencias más graves. En América y Europa se cree que silbar en los cementerios puede invocar a los demonios.

Bostezo

Cubrirse la boca al bostezar es algo más que etiqueta. Este hábito cotidiano tiene su origen en la superstición. En los funerales de la época victoriana, la gente se ponía la mano en la boca al bostezar para evitar que los espíritus entraran en su cuerpo.

A la gente de todo el mundo le fascina la magia del nacimiento y el misterio de la muerte. Esto ha dado lugar a muchas supersticiones relacionadas con ambos. En la antigüedad, la gente no disponía de la tecnología ni de la ciencia que existe hoy en día. Tenían que encontrar sus propias respuestas a algunas de las preguntas más importantes sobre la vida y la muerte. Muchas de estas supersticiones han perdurado y aún hoy son practicadas por muchas personas. Hay una razón por la que la gente todavía sigue estas supersticiones en el mundo moderno. Son inofensivas y pueden traer buena suerte y evitar desgracias. Para proteger al feto y evitar la posesión, más vale prevenir que lamentar.

Capítulo 9: Deseos, suerte y reparación de la mala suerte

En este capítulo se exponen varias actividades supersticiosas para asegurarse de que la suerte siempre le acompañará y sus deseos se harán realidad. Desde llevar amuletos, como una pata de conejo, hasta tocar madera o cruzar los dedos, pasando por soplar la vela de cumpleaños, hay muchas formas de asegurarse de que sus deseos se hagan realidad. El capítulo también enumera varias formas de arreglar la mala suerte si ha tenido la desgracia de invitarla involuntariamente a su vida.

Supersticiones que atraen la suerte

Tocar madera

Este dicho se utiliza en muchas culturas de todo el mundo. Sin embargo, sus orígenes se remontan a los celtas, que creían que los espíritus vivían en los árboles. Según los antiguos celtas, golpear los árboles podía invocar a los buenos espíritus en busca de protección y eliminar a los malos. Como muchos objetos de la casa estaban hechos de madera, la costumbre se trasladó posteriormente a estos objetos.

Las creencias cristianas también están vinculadas al poder de los objetos de madera, como el crucifijo. Esta idea tiene su origen en Gran Bretaña, al igual que la vinculada al juego infantil del siglo XIX "Tocando madera". Este juego es muy similar al moderno juego de la etiqueta, excepto que, en este, los jugadores se etiquetan unos a otros tocando un objeto de madera.

Soplar una pestaña caída

La tradición de soplar sobre una pestaña caída procede de un cuento popular británico del siglo XIX. Una persona se colocaba una pestaña caída en el dorso de la mano y la lanzaba por encima del hombro mientras pedía un deseo. Si la pestaña caía, el deseo se cumplía. Sin embargo, si la pestaña se quedaba pegada a la mano, el deseo no se cumplía.

Según otra versión, la persona debe colocarse la pestaña caída en la punta de su nariz e intentar soplarla. Si lo consigue, su deseo se cumplirá.

También existe la creencia de que soplar una pestaña puede ayudar a protegerse del diablo o de otras influencias malignas. Esta idea procede de una antigua creencia según la cual el diablo, los espíritus malignos y los magos recogen cabellos humanos para obtener poder sobre las personas. Soplarse las pestañas garantiza que el diablo no pueda apoderarse de ellas.

Centavos de la suerte

Según una antigua creencia rumana, encontrar una moneda es señal de buena suerte. Esta idea proviene de una época en la que el metal se consideraba muy valioso, por lo que encontrar una pieza reportaba muchos beneficios a quien la encontraba. Otras versiones asocian el hallazgo de monedas con los dioses, refiriéndose a ellas como regalos y signos de protección. Se decía que la persona que encontraba una moneda era favorecida por los dioses y estaba bajo su protección.

La costumbre se trasladó a las creencias británicas, y más tarde a las estadounidenses, donde los peniques asumieron el papel de monedas que traen suerte. Tenga cuidado cuando encuentre una moneda de la suerte. Un centavo solo traerá suerte si lo encuentras boca arriba. Si lo encuentra con la cruz hacia arriba, dele la vuelta en lugar de recogerlo y dejarlo para que lo encuentre la siguiente persona. De lo contrario, le traerá mala suerte.

Romper el hueso de la horquilla

En la Antigua Roma, la horquilla se consideraba un símbolo de suerte. Al principio, se consideraba afortunado descubrir la horquilla durante un banquete. Romper la horquilla se convirtió en una tradición de la suerte solo después de que alguien la rompiera accidentalmente mientras comía pollo. Al romper el hueso de la horquilla, la persona deseó algo por casualidad, y su deseo se hizo realidad. Hoy en día, si se quiere hacer realidad un deseo, se rompe el hueso de la horquilla con otra persona. Cuando el hueso se parta en dos entre sus manos, a la persona que le toque el trozo de hueso más largo se le concederán sus deseos. Si ambas partes tienen la misma longitud, los deseos de ambas personas se cumplirán.

Cruzar los dedos

La superstición de cruzar los dedos para tener buena suerte procede de creencias paganas comunes en la Europa Occidental precristiana. Inicialmente, la práctica implicaba a dos personas. Una persona hacía una cruz con su propio dedo índice y el dedo índice de otra persona. Se creía que así se combinaban sus energías espirituales para ahuyentar a los espíritus malignos, conseguir que se cumplieran sus deseos o sellar un pacto entre ambos.

Más tarde, la gente se dio cuenta de que podía atraer la buena suerte cruzando los dedos índice y medio de sus propias manos. Así nació la costumbre de cruzar los dedos corazón e índice en una sola mano, que es como se practica hoy en día.

Soplar la vela de cumpleaños

Soplar velas está relacionado con una antigua superstición
https://pixabay.com/images/id-1850982/

Esta costumbre está relacionada con una antigua superstición según la cual las llamas transmiten mensajes espirituales. En el folclore y las prácticas mágicas europeas, soplar una vela permitía a la persona comunicarse con guías espirituales. Según esta creencia, si la llama de la vela se apaga al primer intento, el mensaje del practicante ha sido entregado. Del mismo modo, si sopla las velas de su cumpleaños de un tirón mientras pide un deseo en silencio, su deseo se hará realidad. Sin embargo, no se cumplirá si se tarda varios intentos en soplar las velas o si se dice el deseo en voz alta.

Guardar los pulgares en un cementerio

En Japón existe la antigua costumbre de meter los pulgares cuando se visita la tumba de los seres queridos. Esta práctica está relacionada con la palabra japonesa para "pulgar", que también se traduce como "dedo de los padres". El dedo representa a un padre o familiar al que hay que proteger de la muerte. Puede mantener a sus padres o familiares a salvo de los malos espíritus, ocultando los pulgares cuando esté en un cementerio.

Picazón en las palmas

En algunas partes de Europa y el Caribe, el picor en la palma de la mano derecha puede indicar que va a recibir dinero. Por el contrario, si le pica la palma izquierda, es señal de que se quedará sin dinero. Estas creencias se derivan de la idea de que la mano derecha de una persona contiene energía activa, que atrae el dinero y la buena suerte. Mientras que se dice que la mano izquierda porta energía pasiva, que aleja el dinero y la buena suerte. En algunas culturas, los papeles de las manos se invierten.

Arrojar platos rotos en Nochevieja

En Dinamarca, la gente suele guardar los platos que ha roto a lo largo del año para arrojarlos a la puerta de la casa de alguien en Nochevieja. Suelen llevar los platos a las casas de familiares y amigos y arrojarlos contra sus hogares, deseando buena suerte a los destinatarios en el año venidero.

En una versión más moderada de esta práctica, los niños alemanes dejan una pila de platos rotos en las puertas de sus familiares, amigos y vecinos. De este modo, pueden transmitir sus buenos deseos sin causar daños a los hogares.

Barrer la suciedad de la puerta de entrada

Según una antigua creencia china, la buena suerte y los espíritus benévolos entrarán en su casa por la puerta principal. Para asegurarse de que sus hogares serán bendecidos con buena suerte en el año venidero, los chinos barren sus casas apartando la suciedad de la puerta principal. Barrer el polvo lejos de la entrada también garantiza que nada de la buena suerte que ya está dentro de la casa se escape al limpiarla. Si los escombros recogidos se sacan de la casa, se hace por la puerta trasera. También evitan limpiar los dos primeros días del Año Nuevo para impedir que se escape la buena suerte.

Excrementos de aves

Por extraño que parezca, en Rusia los excrementos de pájaro son signo de buena fortuna. Recibirá dinero si los excrementos de pájaro caen sobre usted, su vehículo o su casa. Y si varios pájaros dejan sus excrementos en su propiedad, probablemente obtendrá una importante cantidad de dinero. Puede que reciba una herencia considerable o que le toque la lotería.

Derramar agua detrás de alguien

Según el folclore serbio, derramar agua a espaldas de una persona es una forma segura de bendecirla con buena suerte. Se cree que la fluidez del agua en movimiento concede buena suerte a la persona detrás de la cual cae cuando se derrama. Los serbios derraman agua detrás de amigos y familiares que se enfrentan a tareas difíciles, como hacer un examen, viajar lejos, acudir a una entrevista de trabajo, etc.

Comer legumbres en año nuevo

En Argentina, la gente busca atraer la suerte a su vida durante el año que comienza comiendo alubias en Nochevieja. Algunos argentinos prefieren comer alubias el día de año nuevo para asegurarse la buena suerte, y también se dice que ayuda a conservar el trabajo. En Hungría se comen lentejas el día de año nuevo con fines similares. Según los húngaros, las lentejas atraen la riqueza; cuanto más se coma el primer día del año, más dinero se tendrá a lo largo del mismo.

Romper botellas accidentalmente

En Japón, romper accidentalmente una botella de alcohol es señal de buena suerte. Si de repente se tira una botella del mostrador en un bar de Japón, la gente que le rodea aplaudirá porque cree que ha invitado a la buena fortuna al local. En cambio, romper una botella a propósito tiene el efecto contrario.

Plantar un árbol

En Suiza y algunas zonas de los Países Bajos, los recién casados suelen plantar un pino en el exterior de su casa para atraer la buena suerte a su nueva vida en común. También se cree que plantar árboles después de una boda concede fertilidad. Otros utilizan árboles o símbolos arbóreos en su ceremonia nupcial, buscando bendecir su unión y tener buena suerte y fortuna a lo largo de su matrimonio.

Arreglar la mala suerte

Uso de la sal

Se cree que la sal trae buena suerte
https://unsplash.com/photos/4OfaTz6SdYs?utm_source=unsplash&utm_medium=referral&utm_content=creditShareLink

En muchas culturas se cree que utilizar sal trae buena suerte. Curiosamente, esta creencia tiene su origen en la misma fuente que dice que derramar sal es un mal presagio. Se dice que arrojar sal por encima del hombro izquierdo trae buena suerte porque ahuyenta al diablo que se sitúa en ese lado. Aunque es más eficaz después de derramar sal, arrojar sal también puede anular la fortuna en otras circunstancias. Sin embargo, arrojar sal sobre el hombro derecho atrae más mala suerte, algo que no se desea.

Como alternativa, puede esparcir sal en las esquinas de su casa (o en el marco de la ventana) para alejar la mala suerte. También puede limpiarse de energías negativas dándose un baño de agua salada.

La entrega de un espejo roto

Si ha roto un espejo y le preocupa la mala suerte, tenga cuidado al manipular las piezas, ya que esto afectará a su destino. Por ejemplo, tirar los trozos sella la maldición "siete años de mala suerte". En su lugar, tome los fragmentos y guárdelos hasta la próxima luna llena. Cuando llegue, utilice un trozo del espejo roto para reflejar la luna y mírese en el reflejo. En muchas culturas y prácticas mágicas, se cree que la luna puede anular las malas energías. Mirándola fijamente a través del espejo, puede reflexionar sobre las cosas positivas de su vida. Cuando haya terminado, entierre los trozos de espejo.

Uso de incienso o hierbas

En la antigua tradición herbolaria, se decía que quemar hierbas ahuyentaba las influencias negativas responsables de la mala suerte. En la actualidad, se pueden conseguir los mismos efectos con el incienso, sobre todo si se utiliza una hierba de olor intenso, como el jazmín o el sándalo. Si la mala suerte afecta su vida personal, queme incienso en casa llevándolo de una habitación a otra.

O, si decide seguir el camino tradicional, siempre puede quemar salvia. Esta hierba tiene los efectos purificadores más potentes y está garantizado que le ayudará a cambiar sus energías y su suerte. La quema de salvia también se conoce como "difuminado", pero también puede utilizar otras hierbas. Cuando las queme, abra las ventanas y las puertas para que la energía negativa pueda salir y sea sustituida por una fuerza positiva y atraiga mucha buena suerte.

Llevar amuletos protectores

Los amuletos protectores son herramientas fantásticas para alejar la mala suerte. Puede llevarlos consigo en su vida diaria y siempre le protegerán de las influencias negativas. Incluso si ya le afecta la mala suerte, llevar un pequeño amuleto en una cadena o pulsera o llevarlo en el bolsillo puede eliminar sus efectos. Estos son algunos de los amuletos protectores más utilizados en distintas culturas:

- **Trébol de cuatro hojas:** Llevar un amuleto con esta forma es una manera estupenda de atraer la buena suerte. Según la sabiduría popular, cada hoja representa un aspecto afortunado de la vida, que atrae el amor, la riqueza, la salud y la fama.
- **Llaves:** Los amuletos en forma de llave se han utilizado desde la antigüedad para atraer la buena suerte. Para aumentar las posibilidades de sustituir la mala suerte por la buena, lo mejor es llevar tres llaves, que abrirán las tres puertas de la riqueza, el amor y la salud.
- **Herradura:** Según varios sistemas de creencias antiguos, los amuletos de herradura pueden alejar el "mal de ojo". Llévelo en una cadena con los extremos apuntando hacia arriba. De lo

contrario, la buena suerte se alejará de usted.
- **Pata de conejo:** También se cree que la pata trasera izquierda de un conejo invita a la buena fortuna y la riqueza. Otros sugieren que también puede protegerle de la mala suerte. También puede llevarla en el llavero; solo tendrá que acordarse de frotar el amuleto con regularidad para activar sus poderes de atraer la buena suerte.
- **Cristales y piedras:** Sus propiedades mágicas se utilizan en diferentes prácticas. Los cristales y las piedras pueden proporcionar protección y curación y atraer energías positivas. Se cree que tienen sus propios poderes, que pueden amplificar los que están dentro y cerca de su cuerpo. Puede llevarlos como amuletos o utilizarlos como adornos en casa o en su lugar de trabajo. Algunos de los cristales más recomendados para alejar la mala suerte son la turmalina negra, la labradorita y la amatista. El cuarzo rosa puede ayudarle a sustituir las influencias negativas por energías positivas y buena suerte.

Comprometerse con la caridad

En muchas culturas, se cree que la forma más fácil de atraer la buena suerte a su vida es realizando buenas acciones. Según el budismo y otras religiones asiáticas, se puede compensar cualquier acción negativa que se haya realizado con obras de caridad. Esto está relacionado con el concepto de karma, término que estas religiones utilizan para referirse a la suerte. No importa si usted dona a obras de caridad o ayuda a los necesitados de su entorno. Lo que importa es hacerlo de forma altruista y no solo para ganar buen karma. Por no hablar de que dedicarse a la caridad puede ayudarle a situar las cosas en una perspectiva diferente. Lo que a usted le parece mala suerte puede convertirse en un asunto menor si se compara con las desgracias a las que se enfrentan otras personas en su día a día.

Desbloquear los chakras

En muchas culturas asiáticas, el sistema de chakras está relacionado no solo con la salud, sino también con la suerte. Al limpiarlos, puede eliminar el bloqueo que impide el flujo de energía positiva dentro de su cuerpo. Puede purificar sus chakras con flores de colores cargadas con la energía positiva del sol. Puede colocar las flores en la mesa o utilizarlas en el agua del baño para que absorban la mala energía de su cuerpo. Tirar la flor después ayuda a eliminar simbólicamente estas influencias.

Fomentar el crecimiento espiritual

Si usted es un buscador espiritual, también puede convertir la mala suerte en buena promoviendo su propio crecimiento espiritual. Para ello, debe alcanzar un nivel de espiritualidad que le permita atraer la buena suerte a su vida. En muchas religiones, la gente reza a deidades, animales espirituales o espíritus ancestrales para mejorar su vida. Mientras que, en otros sistemas de creencias, adquirir conciencia de uno mismo es habitual como parte de un proceso de iluminación espiritual.

Si usted no está interesado en las prácticas espirituales, puede utilizar ejercicios de autorreflexión y técnicas de atención plena para aprender qué pasos dar para mejorar su suerte. Las afirmaciones positivas y los mantras también pueden ayudarle a atraer la buena suerte y ahuyentar la mala. Cuanto más los repita, más probabilidades tendrá de repeler las influencias negativas.

Limpiar o despejar su casa

Despejar o limpiar su casa puede ayudarle a eliminar las energías negativas que impiden el flujo de la buena fortuna. Es una práctica sencilla que puede darle el poder de hacer el cambio que necesita para arreglar su mala suerte.

Hay varias creencias ligadas a la superstición. Una de las más famosas procede de Sudamérica, donde la gente tiene una forma específica de limpiar sus casas. Las jóvenes deben aprender a limpiar bien sus casas. De lo contrario, no encontrarán marido o tendrán mala suerte, aunque se casen. Para evitarlo, se les anima a barrer cuando no haya nadie, así evitan pasar por encima de los pies de alguien con la escoba, que es un mal presagio. Si le barren los pies, debe escupir sobre la escoba para evitar la desgracia.

En otras culturas, se cree que los muebles de una casa o un lugar de trabajo deben estar dispuestos de una determinada manera para favorecer el flujo de energía positiva. Para que esta energía le traiga más suerte, elimine todo lo que se interponga en su camino, incluidos los objetos en desuso, las telarañas y cualquier otra cosa que cree desorden.

Algunos creen también que el sol trae energía positiva y buena suerte. Esta idea está asociada a antiguas creencias en torno a deidades solares que traían nueva vida y fortuna a la gente al revivir la naturaleza durante la primavera. Incluso abrir la ventana y dejar que la luz del sol rodee su casa puede ayudar a mejorar su suerte y fortuna.

Alternativamente, puede introducir luz brillante en su espacio encendiendo grandes velas o teniendo una chimenea de leña. Cuanto mayor sea el área iluminada por las fuentes de luz, menos espacio habrá para que se esconda la mala suerte.

Cambie de aires

Se supone que viajar a otro país ayuda a disipar la mala suerte en muchas culturas. En la antigüedad, la gente solía notar que su mala suerte dejaba de perseguirles cuando se trasladaban a otro lugar. O, incluso si regresaban, las energías negativas se habían dispersado y su fortuna mejoraba.

Hoy en día, se dice que para librarse de la mala suerte hay que cruzar un océano o viajar a un país con zonas horarias diferentes. Sin embargo, no es necesario ir tan lejos. A veces, incluso dejar la casa y el lugar de trabajo durante un par de días para hacer un viaje durante un fin de semana largo puede servir. A veces lo único que hace falta es tomarse un tiempo para comprender qué es lo que necesita para cambiar su suerte.

Evitar las situaciones que atraen la mala suerte

Tanto si sigue defendiéndose de la mala suerte como si no quiere atraerla, intente evitar comportamientos y circunstancias que puedan atraer la desgracia a su vida. Intente comportarse de un modo que le ayude a evitar la mala suerte. Por ejemplo, puede tener mucho cuidado de no romper espejos, pasar por debajo de escaleras, poner los zapatos encima de la mesa, "gafarse", pisar una grieta en la acera o abrir el paraguas dentro de casa. O, dicho de otro modo, debe evitar invitar a otros malos augurios mencionados en los capítulos anteriores.

También es buena idea familiarizarse con algunas de las supersticiones menos conocidas (como tomar un centavo con el lado equivocado hacia arriba) y otras creencias con las que quizá no esté familiarizado.

Reconocer los signos de la buena suerte

En muchas culturas, se cree que una pequeña cantidad de buena suerte atrae más fortuna. Así que, una vez que vea las señales de que su suerte está pasando de mala a buena, intente llevar a cabo acciones que le ayuden a mantener el flujo positivo. Manténgase alerta para reconocer las señales y actuar a tiempo.

Glosario de supersticiones, signos y presagios

1. Bellota

Se cree que llevar una bellota en el bolsillo trae buena suerte y protege contra las enfermedades. Algunas personas también creen que colocar una bellota en el marco de una ventana puede evitar la caída de rayos.

2. Manzana

Si corta una manzana por la mitad y cuenta el número de semillas que hay en su interior, sabrá cuántos hijos tendrá. Las manzanas también se utilizan a veces en adivinación, ya que la forma en que cae el corazón de la manzana después de cortarla puede revelar información sobre el futuro.

3. Murciélago

Los murciélagos se consideran una señal de muerte inminente y se asocian con vampiros y otros seres sobrenaturales. En algunas tradiciones, se cree que, si un murciélago entra en casa, es señal de que alguien va a morir.

4. Gato negro

Se considera que los gatos negros traen mala suerte, y la gente cree que pueden causar enfermedades o desgracias. Algunos creen que, si un gato negro se cruza en su camino, es señal de que debe dar marcha atrás o cambiar de planes.

5. Azulejo

Se dice que ver un azulejo es señal de buena suerte y felicidad. Algunas personas también creen que, si un azulejo vuela hasta su casa, es señal de buena suerte y de que pronto recibirá buenas noticias.

6. Luna azul

La luna azul es la segunda luna llena de un mes del calendario y solo ocurre una vez cada pocos años. Algunas personas creen que la luna azul es un momento poderoso para la magia y la manifestación, y que es más probable que los deseos que se pidan bajo una luna azul se hagan realidad.

7. Espejo roto

Se dice que, si rompe un espejo, tendrá siete años de mala suerte, y algunas personas creen que también puede liberar espíritus malignos en el mundo. Para alejar la mala suerte después de romper un espejo, se sugiere enterrar los trozos rotos en la tierra.

8. Flores de cerezo

Las flores de cerezo se asocian a menudo con la belleza y la fugacidad, y a veces se consideran un símbolo de la naturaleza efímera de la vida. Algunas culturas creen que ver un cerezo en flor en sueños es señal de buena suerte y amor.

9. Monedas chinas

En el feng shui, las monedas chinas se utilizan a menudo como símbolo de riqueza y prosperidad. Se cree que llevar monedas chinas en la cartera o en el monedero puede atraer la abundancia económica y la buena fortuna. También se aconseja colgar monedas chinas en el pomo de la puerta de casa o de la oficina para atraer la prosperidad a su vida.

10. Deshollinador

En algunas tradiciones, encontrarse con un deshollinador se considera un signo de buena suerte. Se dice que estrechar la mano de un deshollinador o tocarle el hombro trae buena suerte y aleja la mala suerte.

11. Relojes

En algunas culturas, regalar un reloj se considera mala suerte, ya que se cree que simboliza el paso del tiempo y la proximidad de la muerte. También hay quien cree que parar un reloj puede traer mala suerte.

12. Trébol

El trébol de cuatro hojas suele considerarse un símbolo de buena suerte y a veces se asocia con el Día de San Patricio. Encontrar un trébol de cuatro hojas puede traer buena suerte, y llevarlo en el bolsillo puede atraer la riqueza y el éxito.

13. Cuchillos cruzados

En algunas tradiciones, cruzar dos cuchillos se considera mala suerte, ya que se cree que representa un posible conflicto o discusión. También se dice que, si se cruzan accidentalmente los propios cuchillos al poner la mesa, hay que descruzarlos rápidamente y pedir un deseo para evitar la mala suerte.

14. Piernas cruzadas

Cruzar las piernas se considera a veces un signo de mala suerte o falta de respeto, sobre todo en determinadas culturas. En algunas tradiciones, se cree que cruzar las piernas al sentarse en una iglesia o un templo trae mala suerte y es una falta de respeto a los dioses.

15. Cuervos en una valla

En algunas culturas, ver tres cuervos sentados juntos en una valla es señal de muerte inminente o desastre. Esta superstición se conoce a veces como "tres en una cerilla" y se cree que tiene su origen en la creencia de que encender tres cigarrillos con la misma cerilla traía mala suerte a los soldados en tiempos de guerra.

16. Diente de león

En algunas culturas, se cree que soplar un diente de león hace realidad un deseo. También se dice que, si puede soplar todas las semillas de diente de león de un soplido, su deseo se cumplirá.

17. Huevo de doble yema

Encontrar un huevo de doble yema se considera un signo de buena suerte y prosperidad. A veces también se considera un signo de fertilidad y puede ser un buen augurio para quienes intentan concebir.

18. Atrapasueños

Los atrapasueños suelen utilizarse como talismán protector para ahuyentar los malos sueños y las pesadillas. El atrapasueños captura los malos sueños en su red y permite que los buenos sueños pasen a través de él y lleguen al durmiente.

19. Eclipse

A lo largo de la historia, los eclipses se han considerado presagios de cambio y transformación. Algunas culturas creen que la aparición de un eclipse solar o lunar es una señal de desastre o guerra inminentes, mientras que otras lo consideran un símbolo de buena suerte y renovación.

20. Viernes 13

El viernes 13 suele considerarse un día de mala suerte en las culturas occidentales. Algunos creen que esta superstición se remonta a la última cena, en la que estuvieron presentes 13 personas, incluidos Jesús y Judas. Otros creen que está relacionada con la detención y crucifixión de los templarios el viernes 13 de 1307.

21. Pez dorado

Los peces dorados se asocian a menudo con la buena suerte y la prosperidad. Algunas culturas creen que tener peces de colores en casa puede traer buena suerte y energía positiva.

22. Saltamontes

En algunas tradiciones, los saltamontes se consideran símbolos de buena suerte y abundancia. Se dice que, si un saltamontes se posa sobre uno, es señal de buena suerte y éxito.

23. Jamsa

El Jamsa es un símbolo de protección y buena suerte en muchas culturas. A menudo se utiliza como talismán para alejar el mal de ojo y la energía negativa. El Jamsa es un símbolo en forma de mano, con un ojo en el centro, que suele llevarse como joya o colgado en casa.

24. Herradura

Las herraduras se utilizan a menudo como símbolos de buena suerte y protección. Se cree que, si se cuelga una herradura sobre una puerta con los extremos hacia arriba, atraerá y mantendrá la buena suerte. En cambio, si se cuelga con los extremos hacia abajo, se dice que la suerte se caerá.

25. Tocando madera

Tocar madera es un acto supersticioso que se cree que aleja la mala suerte o los maleficios. Suele hacerse tras una declaración de buena suerte o éxito para evitar que ocurra algo negativo.

26. Escalera

En muchas culturas europeas, pasar por debajo de una escalera se considera mala suerte. Se dice que trae mala suerte y debe evitarse siempre que sea posible.

27. Mariquita

Las mariquitas suelen considerarse símbolos de buena suerte y protección. Se cree que, si una mariquita se posa sobre usted, le traerá buena suerte y felicidad. Las mariquitas también se utilizan como control natural de plagas, ya que se comen a los pulgones y otros insectos dañinos.

28. Duende

En el folclore irlandés, los duendes son hadas traviesas conocidas por su naturaleza escurridiza y su capacidad para conceder deseos. A menudo se les asocia con la buena suerte y se dice que tienen una olla de oro al final del arco iris.

29. Rayo

Los rayos se asocian a menudo con el peligro y la destrucción. En muchas culturas, se cree que es un signo de la ira divina o una advertencia de un desastre inminente.

30. Urraca

Las urracas suelen considerarse símbolos de buena suerte y protección, sobre todo en el folclore británico e irlandés. Si ve una urraca, salúdela y dígale "buenos días, Sr. Urraca" para ahuyentar la mala suerte.

31. Mirarse en un espejo

Se cree que mirarse en un espejo durante un periodo prolongado trae mala suerte o incluso invoca a los espíritus en varios sistemas de creencias. También se cree que romper un espejo puede traer siete años de mala suerte.

32. Luna nueva

La luna nueva se asocia a menudo con nuevos comienzos. En algunas culturas, se cree que pedir un deseo en luna nueva hará que se cumpla.

33. Centavos

Los centavos se asocian a menudo con la buena suerte y la prosperidad. En algunas culturas, se cree que encontrar un centavo en el suelo es un signo de buena suerte y debe ser recogido y guardado para la buena fortuna.

34. Pata de conejo

En muchas culturas, la pata de conejo se considera un amuleto de la buena suerte. Se cree que llevar una pata de conejo trae buena fortuna y protege contra la mala suerte.

35. Cardenal rojo

Se cree que un cardenal rojo es un mensajero de un ser querido que ha fallecido y se considera un signo de buena suerte y un presagio de cosas positivas por venir.

36. Hilo rojo

En algunas culturas orientales, al cordón rojo se le atribuyen propiedades protectoras. Suele llevarse como pulsera o collar para ahuyentar a los malos espíritus y atraer la buena suerte.

37. Estrella fugaz

Muchas culturas creen que pedir un deseo a una estrella fugaz hará que se haga realidad. Las estrellas fugaces se consideran mágicas y raras, y a menudo se asocian con la buena suerte y los cambios positivos.

38. Plata

La plata se asocia con la pureza y se le atribuyen propiedades protectoras. En muchas culturas, se cree que llevar joyas u objetos de plata aleja a los malos espíritus y trae buena suerte.

39. Trece

En muchas culturas, el número trece no se considera de buena suerte. Se cree que trae mala suerte, especialmente el viernes 13, que se considera un día de mala suerte en las culturas occidentales.

40. Trueno

Se cree que los truenos son una señal de ira de los dioses o los espíritus. A menudo se considera un presagio de mala suerte, y algunos creen que es una advertencia de peligro inminente.

41. Sapo

En algunas culturas, los sapos se asocian con la brujería y la magia. A menudo se dice que tocar un sapo puede traer buena suerte o conceder deseos.

42. Paraguas

En muchas culturas, se cree que abrir un paraguas dentro de casa trae mala suerte. También se dice que dejar un paraguas abierto trae mala suerte a toda la casa.

43. Buitre

Los buitres se consideran símbolos de la muerte y la decadencia. Ver un buitre suele considerarse un mal presagio y una señal de peligro o desgracia inminentes.

44. Mariposa blanca

Se cree que ver una mariposa blanca trae buena suerte y se considera un presagio positivo. Se dice que, si una mariposa blanca se posa sobre uno, es señal de buena suerte y prosperidad. Y si una mariposa blanca entra en su hogar, es señal de que alguien que ha fallecido vela por usted.

45. Hueso de horquilla

Se cree que, si dos personas tiran del hueso de horquilla de un pavo o un pollo y este se rompe por igual, a ambas se les cumplirán sus deseos. Se cree que la persona que consiga el trozo más grande del hueso de la suerte tendrá buena suerte y sus deseos se cumplirán.

Este capítulo ofrece una guía rápida y útil de las muchas supersticiones comunes en las que la gente sigue creyendo hoy en día. Al comprender los orígenes y significados de estas supersticiones, nos hacemos una idea de los factores culturales y psicológicos que siguen influyendo en nuestras creencias y comportamientos. Aunque es importante reconocer la importancia de las supersticiones en la formación de nuestra visión del mundo, también es importante abordarlas con ojo crítico. Al separar los hechos de la ficción y confiar en conocimientos basados en pruebas, se puede evitar caer presa de supersticiones que pueden llevarnos por caminos perjudiciales.

Conclusión

Este libro ha sido un viaje fascinante y sugerente en el que se explora cómo las supersticiones han dado forma a nuestro mundo y siguen influyendo en nuestra vida cotidiana. Desde las supersticiones comunes que todos sabemos hasta las creencias menos conocidas que aún prevalecen en ciertas culturas, este libro es una mirada detallada a la historia y la psicología que hay detrás de estos fascinantes fenómenos. A lo largo de sus páginas, ha explorado las muchas razones por las que la gente cree en supersticiones, desde la necesidad de control hasta el deseo de consuelo y protección. Ahora también sabrá cómo han influido las supersticiones en todos los ámbitos, desde la religión y la cultura hasta la ciencia y la medicina.

Cuando reflexione sobre lo que ha aprendido, recuerde que las supersticiones pueden tener efectos tanto positivos como negativos. Aunque pueden ofrecer consuelo y una sensación de seguridad, también pueden conducir a pensamientos irracionales y comportamientos perjudiciales. Depende de nosotros, como individuos, abordarlas de forma crítica y cuestionar la validez de nuestras creencias. Al final, el poder de las supersticiones reside en nuestra capacidad para controlar nuestros propios pensamientos y acciones. Si comprendemos la psicología que subyace a las supersticiones, aprenderemos a reconocerlas y cuestionarlas cuando sea necesario, y a aceptarlas cuando sirvan a un propósito positivo en nuestras vidas.

Las supersticiones evolucionan y cambian constantemente con el paso del tiempo. Aunque algunas hayan sido populares en el pasado, es posible que ya no lo sean tanto en la actualidad. Del mismo modo, surgen nuevas supersticiones debido a la evolución de los contextos sociales y culturales. Abrazar la diversidad de supersticiones puede ser una forma creativa y divertida de explorar diferentes culturas y perspectivas. Conocer las supersticiones de otras culturas y comunidades le permitirá comprender mejor su visión del mundo y sus valores, e incluso incorporar algunas de estas creencias a su propia vida. Ya sea llevando un amuleto de la suerte, evitando ciertos colores o números, o realizando un ritual específico, explorar las supersticiones puede añadir diversión y curiosidad a su vida cotidiana.

"La superstición es tonta, infantil, primitiva e irracional, pero ¿cuánto cuesta tocar madera?" - Judith Viorst

Esta divertida cita de Judith Viorst pone de relieve las contradicciones y complejidades de las supersticiones. Aunque a veces parezcan ilógicas o incluso tontas, muchos de nosotros las seguimos practicando para protegernos de los males o atraer la buena suerte. Así que, al cerrar el libro de las supersticiones, mantenga una perspectiva equilibrada y curiosa. Es importante acercarse a las supersticiones con una buena dosis de escepticismo, reconocer su significado emocional y cultural para la gente y ser siempre sensato.

Vea más libros escritos por Mari Silva

Su regalo gratuito

¡Gracias por descargar este libro! Si desea aprender más acerca de varios temas de espiritualidad, entonces únase a la comunidad de Mari Silva y obtenga el MP3 de meditación guiada para despertar su tercer ojo. Este MP3 de meditación guiada está diseñado para abrir y fortalecer el tercer ojo para que pueda experimentar un estado superior de conciencia.

https://livetolearn.lpages.co/mari-silva-third-eye-meditation-mp3-spanish/

¡O escanee el código QR!

Referencias

(Sin fecha). Umich.edu. http://websites.umich.edu/~umfandsf/symbolismproject/symbolism.html/L/ladder.html#:~:text=The%20ladder%20(or%20staircase)%20is,on%20the%20ladder%20of%20virtue.

(Sin fecha). Usnews.com. https://www.usnews.com/news/best-countries/articles/2017-01-13/13-superstitions-from-around-the-world

(Sin fecha-a). History.com. https://www.history.com/news/why-do-people-knock-on-wood-for-luck#:~:text=One%20common%20explanation%20traces%20the,a%20stroke%20of%20good%20luck.

(Sin fecha-b). Usnews.com. https://www.usnews.com/news/best-countries/articles/2017-01-13/13-superstitions-from-around-the-world

10 supersticiones alimentarias. (Sin fecha). Walkingpalates.com. https://www.walkingpalates.com/en-UK/10-food-superstitions.php

5 supersticiones sobre funerales y cementerios. (Sin fecha). Planificación conmemorativa. https://www.memorialplanning.com/blog/5-superstitions-about-funerals-and-cemeteries

7 locas supersticiones alimentarias que hay que digerir. (5 de febrero de 2015). Almanaque del agricultor - Planifique su día. Haga crecer su vida; Almanaque del agricultor. https://www.farmersalmanac.com/food-superstitions-20419

7 supersticiones alimentarias que debe recordar. (Sin fecha). Christopher-torrevieja.com. https://www.christopher-torrevieja.com/7-food-superstitions-you-must-remember/

8 extrañas supersticiones alimentarias. (14 de noviembre de 2015). Tastemade. https://www.tastemade.com/articles/8-bizarre-food-superstitions/

Ablan, D. (16 de abril de 2014). Asbury Park Press. Asbury Park Press. https://www.app.com/story/life/food/2014/04/16/hot-cross-buns-ward-off-evil-spirits/7734891/

ArtDependence. (Sin fecha). ArtDependence. ArtDependence. https://www.artdependence.com/articles/symbolism-in-art-the-egg/

Arts, G. (Sin fecha). 18 supersticiones de todo el mundo. Google Arte y Cultura. https://artsandculture.google.com/story/18-superstitions-from-around-the-world/QQIyTWmzJ9QvLg

Arts, G. (Sin fecha). ¿Paraguas o sombrilla? Google Arte y Cultura. https://artsandculture.google.com/usergallery/YAISMX_YucmALg

Athira. (12 de septiembre de 2022). Caminar bajo escaleras - significado de la superstición. Símbolo Sabio. https://symbolsage.com/walking-under-ladders/

Benadmin, & Heath, F. (2 de abril de 2017). Por qué DEBE pedirle un deseo a una pestaña caída. Benito. https://benitobrowbar.com/2017/04/03/why-you-must-wish-on-a-fallen-eyelash/

Bhattacharjee, S. (26 de agosto de 2021). Las 7 supersticiones más comunes de la gente de mar. Marine Insight. https://www.marineinsight.com/life-at-sea/7-most-common-superstitions-of-seafarers/

Brodsky, S., & Schubak, A. (11 de octubre de 2017). 55 de las supersticiones más extrañas de todo el mundo. Good Housekeeping. https://www.goodhousekeeping.com/life/g4489/strangest-superstitions/

Celestial Omens. (Sin fecha). Arizona.edu. http://ircamera.as.arizona.edu/NatSci102/NatSci/images/extomens.htm

Presagios celestes. (Sin fecha). Imss.Fi.It. https://brunelleschi.imss.fi.it/galileopalazzostrozzi/object/CelestialOmens.html

Charbonneau, J. (19 de abril de 2022). Folclore de jardín: 10 supersticiones y tradiciones. Southern Exposure Seed Exchange | Salvar el pasado para el futuro; Southern Exposure Seed Exchange. https://blog.southernexposure.com/2022/04/garden-folklore-10-superstitions-and-traditions/

Supersticiones chinas sobre colores, números y flores. (19 de julio de 2021). Estudio de idiomas Han Hai. https://www.hanhai-language.com.sg/blog/2021/7/19/chinese-superstitions-on-colours-numbers-and-flowers

Coldiron, R. (11 de septiembre de 2020). Supersticiones alimentarias de todo el mundo para añadir a su menú de Halloween. Martha Stewart. https://www.marthastewart.com/7983443/food-superstitions-from-around-world

Cookist. (7 de abril de 2020). Pan volteado sobre la mesa. ¿Sabe por qué lo prohíbe la tradición? Cookist. https://www.cookist.com/bread-turned-upside-down-on-the-table-do-you-know-why-tradition-forbids-it/

Cowan, D. (2021, 11 de agosto). Mala suerte para la fauna: 7 supersticiones sobre animales - Zoológico y Acuario de Point Defiance. Zoológico y Acuario de Point Defiance. https://www.pdza.org/bad-luck-for-wildlife/

Diferencia entre mito y superstición. (28 de marzo de 2015). Compara la diferencia entre términos similares. https://www.differencebetween.com/difference-between-myth-and-vs-superstition/

Dimitar, D. (25 de mayo de 2021a). 10 extrañas supersticiones sobre bebés y paternidad en todo el mundo (parte 1). Babyology-care.com. https://babyology-care.com/blog/post/10-strange-superstitions-about-babies-and-parenting-around-the-world-part-1

Dimitar, D. (1 de junio de 2021b). 10 extrañas supersticiones sobre bebés y crianza en todo el mundo (parte 2). Babyology-care.com. https://babyology-care.com/blog/post/10-strange-superstitions-about-babies-and-parenting-around-the-world-part-2

Drinkwater, K., & Dagnall, N. (2 de julio de 2018). La ciencia de la superstición - y por qué la gente cree en lo increíble. The Conversation. http://theconversation.com/the-science-of-superstition-and-why-people-believe-in-the-unbelievable-97043

Historia y hechos de la adivinación. (Sin fecha). Study.Com. https://study.com/academy/lesson/fortune-telling-history-facts.html

Fuller, M. (25 de agosto de 2016). Las supersticiones más extrañas de todo el mundo. AFAR Media. https://www.afar.com/magazine/the-weirdest-superstitions-from-around-the-world

Gallary, C. (20 de noviembre de 2014). ¿Qué es un hueso de horquilla y por qué lo rompemos? Kitchn; Apartment Therapy, LLC. https://www.thekitchn.com/what-is-a-wishbone-and-why-do-we-crack-it-ingredient-intelligence-21302

Google Arte y Cultura. (Sin fecha). 18 supersticiones de todo el mundo. Google Arte y Cultura. https://artsandculture.google.com/story/18-superstitions-from-around-the-world/QQIyTWmzJ9QvLg

Google Arte y Cultura. (Sin fecha). Adivinación y superstición. Google Arte y Cultura. https://artsandculture.google.com/story/fortune-telling-and-superstition/EgVxiGLYKrypLg

Guía, I. (2018, 12 de abril). Supersticiones sobre viajes y buena suerte. Guía de la inspiración; Iberostar. https://www.iberostar.com/en/inspiration-guide/lifestyle/superstitions-how-ensure-good-fortune-travels/

Hale, R. (1518014788000). ¿Cuál es su número de la suerte (o de la no tan buena suerte)? Linkedin.com. https://www.linkedin.com/pulse/whats-your-lucky-so-number-richard-hale

Harte, J. (2018). Observaciones supersticiosas: la adivinación en la cultura popular inglesa. Tiempo y mente, 11(1), 67-88. https://doi.org/10.1080/1751696x.2018.1433357

En honor del viernes 13, he aquí 13 supersticiones de pájaros. ¿Lo ha hecho? (9 de julio de 2015). Audubon California. https://ca.audubon.org/news/13-bird-superstitions

¿Da mala suerte abrir un paraguas dentro de casa? (Sin fecha). Wonderopolis.org. https://wonderopolis.org/wonder/Is-It-Bad-Luck-to-Open-an-Umbrella-Indoors

Johanne. (5 de junio de 2016). Arroz. Buena suerte, Símbolos. https://goodlucksymbols.com/rice/

Johanne. (2021, 31 de agosto). Las supersticiones del pan. Buena suerte, Símbolos. https://goodlucksymbols.com/bread-superstitions/

Johnson, S., & BA. (11 de marzo de 2021). 16 supersticiones funerarias de todo el mundo. Joincake.com. https://www.joincake.com/blog/funeral-superstitions/

KADALYS. (Sin fecha). Platanero maravilloso. KADALYS. https://kadalys.com/en/pages/bananier

Kelly, N. (30 de julio de 2013). Números de mala suerte que espantan a los clientes. Harvard Business Review. https://hbr.org/2013/07/the-bad-luck-numbers-that-scar

Lestz, M. (12 de enero de 2017). El pan y la mala suerte: Una superstición francesa. Margo Lestz - La divagadora curiosa; Margo Lestz. https://curiousrambler.com/bread-and-bad-luck/

Lombardi, E. (25 de agosto de 2003). ¿Cuál es la diferencia entre mito, folclore y leyenda? ThoughtCo. https://www.thoughtco.com/defining-terms-myth-folklore-legend-735039

Números de la suerte y de la desgracia en el mundo. (Sin fecha). El mundo de los niños y la cultura internacional de Mama Lisa. https://www.mamalisa.com/blog/lucky-and-unlucky-numbers/

Mandov, G. (1 de julio de 2015). Cómo leer señales y presagios. Paz interior y exterior. https://innerouterpeace.com/how-to-read-signs-and-omens-in-everyday-life/

Martin, G. (Sin fecha). "¿Por qué el pan siempre cae con la mantequilla hacia abajo?" - el significado y el origen de esta frase. Buscador de frases. https://www.phrases.org.uk/meanings/butter-side-down.html

Meno, A. (26 de enero de 2023). 15 supersticiones desconcertantes de todo el mundo sobre los bebés y el embarazo. Cracked.com. https://www.cracked.com/image-pictofact-9666-15-mystifying-superstitions-about-babies-and-pregnancy-from-around-the-world

MIniac, M. (3 de enero de 2015). Números de la suerte y de la desgracia de todo el mundo. Sitio de Sottypong-Review. https://sottyreview.wordpress.com/2015/01/04/lucky-and-unlucky-numbers-from-around-the-world/

Mitos y supersticiones del espejo. (5 de febrero de 2020). Espejos bidireccionales. https://www.twowaymirrors.com/mirror-superstitions/

Mulu, R. (21 de junio de 2021). Simbolismo y significado de la sal. Símbolo Salvia. https://symbolsage.com/salt-symbolism-and-meaning/

Numerología: Números de la suerte y de la desgracia. (3 de marzo de 2013). SchoolWorkHelper. https://schoolworkhelper.net/numerology-lucky-unlucky-numbers/

Ottermann, B. (22 de mayo de 2011). 13 supersticiones alimentarias. Health24. https://www.news24.com/health24/diet-and-nutrition/healthy-foods/13-food-superstitions-20120721

Patch, F. (19 de febrero de 2019). 40 Supersticiones filipinas que debe conocer durante funerales y velorios. Flower Patch - Envío de flores en línea Filipinas |; Flower Patch - Envío de flores en línea Filipinas. https://flowerpatchdelivery.com/blog/40-filipino-superstitions-funerals-and-wakes/

Petrova, E. (16 de febrero de 2020). 5 curiosas supersticiones sobre el pan que no se esperaría. Alimentación helénica. https://hellenicgrocery.co.uk/blogs/blog/5-curious-bread-superstitions-wouldnt-expect

Queaño, P. (29 de abril de 2016). 10 supersticiones alimentarias en 10 países. Blog de viajes de Opodo; Opodo. https://www.opodo.co.uk/blog/food-superstitions/

Raga, S. (9 de mayo de 2016). 14 Supersticiones de buena suerte de todo el mundo. Mental Floss. https://www.mentalfloss.com/article/79409/14-good-luck-superstitions-around-world

Raymond, C. (Sin fecha). 13 supersticiones muertas y moribundas. Funeralhelpcenter.com. https://www.funeralhelpcenter.com/13-death-dying-superstitions/

Reum, Y. (Sin fecha). Simbolismo de los espejos como primer paso de la individuación y la autoconciencia. E-jsst.org. https://www.e-jsst.org/upload/jsst-9-1-45.pdf

Rhys, D. (2 de agosto de 2022a). 10 supersticiones sobre los espejos. Símbolo Sabio. https://symbolsage.com/superstitions-about-mirrors/

Rhys, D. (29 de septiembre de 2022b). Abrir un paraguas en el interior: ¿cómo invertir sus efectos? Símbolo Sabio. https://symbolsage.com/opening-umbrella-indoors-bad-luck/

Saladino, E. (6 de marzo de 2018). Porqué nunca debe brindar con agua en el vaso. VinePair. https://vinepair.com/articles/bad-luck-toast-water-navy/

Sprankles, J. (25 de junio de 2018). 10 veces que la regla de los tres de la muerte de celebridades realmente sucedió. SheKnows. https://www.sheknows.com/entertainment/slideshow/9629/celebrity-death-rule-of-threes/9/

Stanek, A. (21 de marzo de 2022). 7 supersticiones sobre herraduras que se siguen practicando hoy en día. Herraduras de caballo. https://horseyhooves.com/horseshoe-superstitions/

Símbolos, colores, números, supersticiones y comida. (6 de mayo de 2019). Alemania Análisis de la cultura. https://germany789125405.wordpress.com/symbols-colors-numbers-superstitions-and-food/

Tempera, J. (14 de septiembre de 2022). Cómo encontrar sus números de la suerte en numerología y qué significa cada uno, según los expertos. Salud femenina. https://www.womenshealthmag.com/life/a41124320/lucky-numbers/

Tetrault, S., & BA. (5 de junio de 2020). 17 supersticiones sobre la muerte en todo el mundo. Joincake.com. https://www.joincake.com/blog/death-superstitions/

El Colegio de Estudios Psíquicos : Enlighten : Guía del adivino. (Sin fecha). Escuela Superior de Estudios Psíquicos. https://www.collegeofpsychicstudies.co.uk/enlighten/guide-to-scrying/

Significado y símbolo del yogur en sueños. (Sin fecha). Onlinedreamdictionary.com. https://www.onlinedreamdictionary.com/4389-the-meaning-and-symbol-of-yogurt-in-dream/

Trece supersticiones sobre animales. (Sin fecha). Gestión integrada avanzada de plagas. https://www.advancedipm.com/blog/2015/february/thirteen-animal-superstitions/

Timmons, J. (5 de enero de 2023). Cómo hacer una lectura básica de Tarot para usted o un amigo. Mindbodygreen. https://www.mindbodygreen.com/articles/how-to-do-a-basic-tarot-reading

Trujillo, N. (19 de marzo de 2015). 9 increíbles supersticiones sobre el embarazo en todo el mundo. Woman's Day. https://www.womansday.com/relationships/family-friends/g1783/pregnancy-superstitions/?slide=1

Turner, B. (17 de julio de 2015). 13 supersticiones sobre los números. HowStuffWorks. https://people.howstuffworks.com/13-superstitions-about-numbers.htm

Tuttle, R. (7 de febrero de 2013). Simbolismo de los colores y sus supersticiones. Pensamientos extraños al azar. https://oddrandomthoughts.com/symbolism-of-colors-and-their-superstitions/

Tuttle, R. (19 de mayo de 2013). Supersticiones sobre el pan y la docena de panaderos. Pensamientos extraños al azar. https://oddrandomthoughts.com/bread-in-bakery-myths-and-superstitions-about-bread/

Vergara, V. (20 de mayo de 2021). 9 supersticiones asociadas a plantas y jardines. https://the-line-up.com/; Open Road Media. https://the-line-up.com/plant-and-garden-superstitions

Verma, V. (28 de octubre de 2020). 6 supersticiones populares de jardinería que debería conocer. Winni - Celebrar las relaciones. https://www.winni.in/celebrate-relations/6-popular-garden-superstitions-that-you-should-be-aware-of/

Wagner, S. (Sin fecha). Pruebe la escritura automática y reciba mensajes del más allá. LiveAbout. https://www.liveabout.com/how-to-practice-automatic-writing-2593046

Webeck, D. (18 de enero de 2017). 13 supersticiones sobre el embarazo en todo el mundo. Stuff. https://www.stuff.co.nz/life-style/parenting/pregnancy/88535413/13-pregnancy-superstitions-from-across-the-globe

¿Por qué la cebolla? (Sin fecha). Onion-Collective. https://www.onioncollective.co.uk/why-onion

¿Por qué hay que comer ajo en ayunas? (18 de abril de 2015). The Times of India; Times Of India. https://timesofindia.indiatimes.com/life-style/health-fitness/home-remedies/why-you-should-eat-garlic-empty-stomach/articleshow/46957694.cms

Wigington, P. (Sin fecha). Métodos de adivinación. Learn Religions. https://www.learnreligions.com/methods-of-divination-2561764

wikiHow. (10 de noviembre de 2011). Cómo librarse de la mala suerte. WikiHow. https://www.wikihow.com/Get-Rid-of-Bad-Luck

Wolchover, N., & Dutfield, S. (28 de enero de 2022). El significado de los colores: El cómo 8 colores se convirtieron en simbólicos. Livescience.com; Live Science. https://www.livescience.com/33523-color-symbolism-meanings.html Un estudio sobre el folclore del condado de Clare: Supersticiones sobre animales y plantas. (Sin fecha). Clarelibrary.Ie. https://www.clarelibrary.ie/eolas/coclare/folklore/folklore_survey/chapter17.htm

Wolfe, S. E. (6 de abril de 2021). Métodos de adivinación para principiantes. Vida de bruja verde. Guía para principiantes sobre la lectura de las hojas de té. Hello Lunch Lady. https://hellolunchlady.com.au/blogs/blog/beginners-guide-reading-tea-leaves

Xing, J. (11 de agosto de 2022). 60 supersticiones comunes en las que creen personas de todo el mundo. YourTango. https://www.yourtango.com/self/common-superstitions-from-around-world-people-believe

Xing, J. (24 de enero de 2022). Simbolismo de los peces y significados espirituales de ver peces. YourTango.
https://www.yourtango.com/2020335336/what-spiritual-meaning-fish

www.ingramcontent.com/pod-product-compliance
Lightning Source LLC
Chambersburg PA
CBHW051848160426
43209CB00006B/1204